AF813350

Zur Charakterisierung der Engländer

Von

Arnold Schröer
ord. Professor an der Handels-Hochschule Cöln

A. Marcus & E. Webers Verlag (Dr. jur. Albert Ahn) in Bonn

Nachdruck verboten.
Copyright by A. Marcus & E. Webers Verlag, Bonn 1915.

Druck: Otto Wigand'sche Buchdruckerei G. m. b. H., Leipzig.

Inhalt.

Vorwort.

Die Beurteilung unserer gefährlichsten Feinde, der Engländer, hat sich seit Ausbruch des Weltkrieges sehr deutlich gewandelt. Ein Werturteil unter dem unmittelbaren Eindrucke des gegenwärtigen Kampfes auf Tod und Leben, zu dem vorläufig noch die wichtigsten, d. h. die unbedingt zuverlässigen Erkenntnisse der tatsächlichen Vorgänge und Zustände in Feindesland fehlen und fehlen müssen, ist ebenso wertlos und daher verhängnisvoll, wie ein Werturteil v o r dem Kriege, das kein wirklich begründetes Urteil war und daher nur dazu führte, daß man durch die Ereignisse sich so schlimm überrascht und enttäuscht fühlte. Wie klar wirkliche Kenner z. B. die politische Sachlage schon geraume Zeit vor dem Kriege beurteilten, mag man u. a. aus Erich Marcks' vortrefflicher Schrift „Die Einheitlichkeit der englischen Auslandspolitik von 1500 bis zur Gegenwart" (Stuttgart und Berlin 1910, J. G. Cotta) entnehmen. Auch Gerhard von Schulze-Gaevernitz' „Britischer Imperialismus" (1906) und meine „Grundzüge und Haupttypen der englischen Literaturgeschichte" (zuerst 1906) ließen, das darf ich wohl sagen, darüber keinen Zweifel, in welcher Richtung die drohende Gefahr zu sehen war. Gerade die Erkenntnis der Gefahr, die im Charakter des englischen Volkes lag, zu einer Zeit, in der man noch zuversichtlich auf ihr Vorübergehen hoffte, und von einer Seite, die sich zunächst noch weit vom Schusse fühlte, von Seite Amerikas, läßt es angezeigt erscheinen, vorliegender Sammlung von Aufsätzen, die während dieses Krieges entstanden, einen solchen über das Urteil eines Amerikaners aus dem Jahre 1909 vorauszuschicken.

Von den hier vereinigten Aufsätzen sind I—VII zuerst in der Kölnischen Zeitung vom 9. April 1912 Nr. 390, 13. und 15. September 1914 Nr. 1021 und 1027, 26. Oktober 1914 Nr. 1174, 16. Dezember 1914 Nr. 1363, 10. Januar 1915 Nr. 33, 27. Febr. 1915 Nr. 210, 28. März 1915 Nr. 319, VIII zuerst in den Süddeutschen Monatsheften, November 1914 erschienen und mit gefälliger Erlaubnis der Herausgeber mit geringfügigen Änderungen und Zusätzen neu gedruckt worden; sie wollen daher nicht als eine erschöpfende Behandlung der großen geschichtlichen Probleme des Nationalcharakters der Engländer angesehen sein, sondern nur einzelne Züge desselben beleuchten, freilich solche, die gerade heute besonders aktuell in Erscheinung treten. Um jeden Aufsatz für sich lesbar sein zu lassen, durften einige wenige Gedanken oder Zitate, die in mehreren wiederkehren, aus Rücksicht auf den Zusammenhang nicht weggelassen werden. Allerdings verbindet alle Aufsätze der Grundgedanke, daß man den Problemen eines Nationalcharakters nur auf geschichtlichem Wege beizukommen trachten und Werturteile, ebensowenig wie die Beurteilung menschlicher Charaktere, nicht auf jeweilige angenehme oder unerfreuliche subjektive Erfahrungen gründen darf.

Cöln a. Rh., Ostern 1915.

Arnold Schröer.

I.

Ein Amerikaner über England und die Engländer, fünf Jahre vor dem Weltkrieg.

Kürzlich, und zwar im Frühling 1912, konnte man in einer gewissen Presse lebhaftes Bedauern darüber lesen, daß unser Kaiser, der das provisorische Reichstagspräsidium nicht zu empfangen geruht hatte, diese Auszeichnung einem amerikanischen Schriftsteller gewährt habe, der sich über Deutschland sehr unfreundlich geäußert haben sollte. Es handelte sich um Herrn Price Collier, den bekannten Verfasser des Buches "England and the English from an American Point of View".

An der beanstandeten Stelle spricht der Verfasser von den verschiedenen Möglichkeiten, durch die das niedergehende England sich wieder aufraffen könnte, darunter auch von einem etwaigen Kriege Englands mit Deutschland, in dem nach seiner Meinung die Engländer siegen könnten, und bemerkt dazu: „Das mag eintreffen, und wenn es eintreffen soll, je früher desto besser für England ... und in keiner Hauptstadt der christlichen Welt würden darüber Tränen vergossen werden, wenn sie (nämlich die Deutschen) gezüchtigt würden."

Nun, ob die Engländer in einem etwaigen Kriege mit Deutschland siegen würden, und ob sie davon großen Gewinn hätten, ist eine Frage für sich; eine Ansicht darüber zu äußern ist für niemand eine Beleidigung. Daß aber alle unsere lieben Nachbarn, ja alle anderen mit uns in Wettbewerb stehenden Nationen — außer etwa den Deutschen in Österreich — sich darüber nicht sonderlich betrüben würden, wenn dem beispiellos raschen und ungeahnten politischen und wirtschaftlichen Aufschwung des Deutschen Reiches Zügel angelegt würden, das ist so selbstverständlich, daß man über eine gelegentliche Erwähnung dieser selbstverständlichen Tatsache sich doch nicht erstaunen sollte, sondern höchstens über die Leute, die das nicht für selbstverständlich halten!

Es ist doch wirklich fatal, wie kindlich naiv bei uns zulande noch über Politik gedacht — oder richtiger, sentimental geschwärmt wird! Wenn unser Volk während der letzten Jahrzehnte unvergleichlich mehr als alle anderen an Macht, wirtschaftlicher Kraft und Unternehmungslust und Ansehen gewonnen hat, und zwar ganz selbstverständlich auch auf Kosten der anderen, die es da und dort im Wettbewerb überflügelt hat, so darf man sich über die Gesinnung dieser anderen doch nicht täuschen: diese kann nur bei Kundigen Neid, bei Unkundigen Mißtrauen, bei allen aber Mißgunst sein. Den Erfolgen einer fremden Nation zuzujubeln, wenn durch diese die eigene Nation mehr oder weniger zurückgedrängt wird, wäre nicht nur töricht, sondern sträflich; jeder Erfolg einer Nation beschränkt eben unvermeidlich den aller anderen, die auf demselben Interessengebiete sich betätigen. Der Völkerfriede, die Duldung der Erfolge anderer unter den Nationen ist lediglich ein zwingendes Gebot der Machtverhältnisse, nicht der Ausfluß allgemeiner Menschenliebe. Je höher die Gesittung unter den Kulturnationen steigt, desto mehr wird man bestrebt sein, die jeweiligen Machtverhältnisse solange als möglich ohne Blutvergießen durch Kompromisse höflich zu ordnen; aber es ist nicht Liebe und Selbstverleugnung, die das Verhältnis der einzelnen Nationen zueinander bestimmt, sondern ausschließlich rücksichtsloser Egoismus. Das gilt allen Nationen für so selbstverständlich, daß sie darüber kein Wort verlieren, nur in Deutschland scheint man sich zu unserem Verhängnis immer noch über den grundsätzlichen Unterschied zwischen nationalem und persönlichem Egoismus zu täuschen. Gesundes Nationalgefühl bedeutet Hingeben des einzelnen an die Allgemeinheit, die aber, solange wir Menschen in verschiedene Nationen verteilt sind, nur die Nationalität des einzelnen sein kann. Der persönliche oder individuelle Egoismus des einzelnen ist verwerflich; gibt der einzelne aber sein Selbst dahin im Dienste der Allgemeinheit, d. h. seiner Nation, so erfüllt er die höchste Pflicht, die er als Mensch erfüllen kann. Seine Nation ist für jeden, der gesundes, natürliches Nationalgefühl hat, der Inbegriff seines Menschheitsideals. Der Wunsch, dieses Ideal durchzusetzen, adelt sein ganzes Leben und Streben und zwingt ihn, jeden Erfolg einer anderen Nation, der die seinige zurückdrängt, als Unglück, als Bedrohung seines Ideals zu beklagen. Wer im Wesen seiner Nation den Inbegriff menschlicher Vollkommenheit am sichersten ausgeprägt glaubt, kann, auch wenn er persönlich der selbstloseste, bescheidenste Mensch ist, keiner anderen Nationalität den Vorrang, ja nicht einmal den gleichen Wert einräumen, ohne dadurch sein Ideal zu verleugnen. Ein im tiefsten Inneren gläubiger Christ, der die Glückseligkeit seines Glaubens lebhaft empfindet, wird gerade in diesem seelischen Empfinden das gleiche Glücksgefühl auch allen anderen wünschen; er wird die religiösen Empfindungen z. B. eines Mohammedaners zwar achten, aber, da er glaubt, in seinen religiösen Empfindungen glücklicher zu sein als jener, wird er gerade in selbstloser Hingabe an den Inbegriff seines religiösen Ideals die Verbreitung des Christentums wünschen, und die Einschränkung desselben durch den Mohammedanismus u. a. m. beklagen. Genau so wie mit dem religiösen Empfinden verhält es sich mit dem nationalen; und gerade das Volk, das wir wegen seiner nationalen Einseitigkeit und Überhebung wohl zuweilen tadeln, wegen seines Nationalgefühls — soweit es noch gesund ist — aber doch mit Recht beneiden, die *Engländer* beweisen uns, daß das Nationalgefühl in höherem Sinne nicht primitive Freude an der eigenen *Rasse*, sondern Zugehörigkeitsgefühl zu einer *Kulturgemeinschaft* bedeutet, die eigentlich nicht mehr und nicht weniger als das *Ideal der Menschheitskultur* sein will. Gerade weil bei den Engländern die Rassenfrage hinter der Kulturfrage so weit zurücktreten muß, ist diese Erscheinung so lehrreich. Das Häuflein „Angelsachsen", das lange, ehe Hengist und Horsa in Britannien eindrangen, und ununterbrochen bis heute mit ungezählten niederdeutschen, flämischen, skandinavischen, normännischen, irischen, schottischen und anderen Zuzüglingen sich mischte und die etlichen vierzig Millionen „Engländer" von heute ergab, ist ja nur ein kleiner, wenn auch tonangebender Bruchteil der gegen fünfhundert Millionen umfassenden englischsprechenden Welt, d. h. mehr als eines Fünftels der Bevölkerung der Erde, das wesentlich durch das Medium des Engländertums mit der Kultur der Menschheit zusammenhängt. Eine aus so vielen und verschiedenen Rassen bestehende Kulturgemeinschaft zeigt, wie eben das *Kulturelle* im Wesen einer *Nation* bedeutsamer ist als die Frage der Rasse. Und dadurch wird, wie v. Schulze-Gaevernitz zutreffend betont *), „das englische Nationalgefühl

*) In seinem prächtigen Buche: Der britische Imperialismus im 19. Jahrhundert, Seite 49/50.

zugleich Kosmopolitismus: der Dienst an der eigenen Nation erscheint als Dienst an der Menschheit. Denn die eigene Nation gilt als Verwalterin der höchsten Kulturgüter, zu denen die übrigen Völker bewundernd und nachahmend aufblicken. Anglisierung der Welt bedeutet also Förderung der Menschheitskultur. Es ist überflüssig, darauf hinzuweisen, daß ein solcher Glaube ein nationales Machtmittel ersten Ranges ist." Da all die unzählbaren fremden Einwanderer in England und den britischen Kolonien ohne Bedenken aufgenommen werden und an den Segnungen der englischen Kultur teilhaben, da sie ferner in der Regel nicht nur sehr bald, sondern auch sehr gern Engländer werden — besonders die Deutschen! — so wäre, vom englischen Standpunkte aus, ja alles in schönster Ordnung, wenn das so weiter bliebe. Auch die Tausende und Tausende unternehmungslustiger Deutschen, die vor dem Emporkommen des neuen Deutschen Reiches Jahr für Jahr in England und seinen Kolonien unter den Engländern aufgingen, fühlten sich dabei doch sehr wohl und bewiesen so nur, was nach englischer Auffassung überhaupt des Beweises nicht erst bedarf, daß das Heil in der Anglisierung der Welt zu suchen und zu finden sei. Sie alle sind und fühlen sich nun mit Stolz als Engländer, gleichviel woher sie gekommen, und beanspruchen für sich im Namen Englands die Herrschaft der Welt.

Wie kann bei einer solchen Begründung des englischen Nationalgefühls ein vernünftiger Mensch erwarten, daß die Engländer wünschen sollten, daß wir Deutschen weitere Fortschritte in der Eroberung der Welt, und das heißt natürlich zugleich in der Zurückdrängung oder Einschränkung der Anglisierung der Welt machen, wodurch ja doch nach ihrer Überzeugung eine „Förderung der Menschheitskultur" verhindert würde? Wer in diesem englischen Nationalgefühl befangen ist — und das sind unzählige der besten, selbstlosesten, bescheidensten Engländer — der kommt eben mit einer gewissen tragischen Notwendigkeit dazu, nach bestem Wissen und Gewissen zu seinem Gotte zu beten, auf daß er dem deutschen Volke und besonders dem deutschen Kaiser doch endlich die Augen öffne, damit sie einsehen, wie unrecht, ja wie sündig es sei, der Ausbreitung des Reiches Gottes auf Erden durch „sein auserwähltes Volk", d. h. eben die Engländer, noch weiter Hindernisse in den Weg zu stellen! Sie können einem leid tun, in ihrem frommen Wahn, diese Engländer, aber, wenn dies Narrheit ist, so ist doch System darin! Blicken wir zurück in der Geschichte, so ist das anderswo doch ganz ähnlich gewesen, überall wo ein kulturell führendes Volk andere, seien es Nachbarn, seien es Einwanderer, sich assimilierte und sie absorbierte. Deutschland und besonders Österreich im 18. Jahrhundert zeigen dasselbe. Erst mit dem Aufkommen des Nationalitätsprinzips als Rassenprinzip trat die Störung der friedlichen Vereinheitlichung ein, und zwar waren es ursprünglich nicht die fremden, der Assimilation verfallenden Rassen, nicht das Volk selbst, das sich auflehnte, denn sie befanden sich dabei ganz wohl; sondern politische Momente, die um ihre Herrschaft besorgten Feudalen spielten die noch weniger kultivierten Rassen gegen die höher kultivierten Angehörigen des eigenen Volkes aus. Was in früheren Jahrhunderten, ehe das Nationalitätsprinzip die kleinen wie die großen Völker aufgereizt, stillschweigend vor sich ging und als selbstverständlich galt, daß die höhere Kultur alle, die mit ihr in Berührung treten, in ihren Bann zwingt, das setzen heute die Engländer als selbstverständliche Forderung für ihre Kultur voraus, die sie eben für den einzig dastehenden, und zwar gottgewollten Gipfelpunkt der Menschheitsentwicklung ansehen, dem zuzustreben das Heil für die ganze Menschheit bedeute. Diese geradezu groteske Verbindung von Nationalstolz und Religiosität, die z. B. in dem frommen Danke der Buren, daß Gott ihnen diesen und jenen Sieg verliehen habe, eine Art Gotteslästerung erblickte, weil ja doch nur ein Sieg der Engländer gottgewollt sein könne, ist nicht nur dem geistig armen Engländer eigen, sondern charakterisierte auch Männer wie Cecil Rhodes; wenn wir den innersten Beweggründen für die Rhodesstipendien, durch die deutschen Studenten Gelegenheit geboten werden soll, in England zu studieren, nachspüren, so war es nicht selbstverleugnende Liebe zu Deutschland, sondern vielmehr die Hoffnung, dadurch auch den neuerdings so selbstbewußt aufstrebenden Deutschen die Augen für das Verständnis der Größe und Kulturmission der Engländer zu öffnen.

Wie es möglich war, daß selbst dem still für sich hinlebenden Durchschnittsengländer ein so starkes, unerschütterliches, alles andere ausschließendes Nationalgefühl in Fleisch und Blut übergegangen ist, dies lehrt uns Price Collier durch seine Schilderung und Deutung des heutigen Engländertums begreifen. Der Amerikaner, der wie jeder Emporkömmling von grenzenloser Selbstüberschätzung erfüllt ist, betrachtet den Engländer nicht mit Neid oder Mißgunst, sondern mit dem Mitleid des Erfolgreichen gegenüber dem Zurückgebliebenen. Die sittlichen Kulturwerte des Engländertums hat der Abkömmling der alten englischen Puritaner in die neue Welt mitgenommen; da ihm, wie er glaubt, die Zukunft der Welt gehört, fühlt er sich also gewissermaßen als „Überengländer", empfindet eine gewisse dankbare Hochachtung für das Land und Volk seiner Herkunft in der alten Welt und erkennt scharf die Ursachen der Rückständigkeit und damit des drohenden Niederganges desselben im heutigen wirtschaftlichen Wettbewerb der Nationen. Gerade weil dem Amerikaner der Engländer nur als Erbe früherer Größe erscheint, nicht etwa wie Deutsche und Japaner als gefährliche Rivalen in der Zukunft, denen er gegebenenfalls eine „Züchtigung" von Herzen gönnte, kann er den Engländer so ohne Vorurteile und Mißgunst beurteilen; es scheidet also bei ihm in diesem Falle das Moment des nationalen Egoismus völlig aus; er erfährt es täglich, daß die Engländer, wenn sie auch sich als Aristokraten gerieren, dennoch demonstrativ ihre Vetterschaft betonen, ihr angeblich gemeinsames „angelsächsisches" Blut. Er fühlt sich als der Beneidete, Begehrte, Umworbene, und von diesem souveränen Standpunkt des reichen Gönners unterzieht er die schier hoffnungslos verlotterten öffentlichen Zustände des heutigen Englands einer zwar nicht lieblosen, aber zum Teil vernichtenden Kritik. Da diese Kritik aber nicht persönlich, sondern sachlich ist und zudem von einem „angelsächsischen Vetter" herrührt, findet sie in England selbst die freundlichste Aufnahme! Das Buch, das zuerst 1909 erschienen, wurde 1911 zum Zwecke weitester Verbreitung in einer billigen Volksausgabe mit einem warm empfehlenden Vorwort des einstigen englischen Premierministers Earl of Rosebery herausgegeben!

Man müßte das ganze Buch ausschreiben oder umschreiben, wollte man nur einigermaßen seinen Inhalt skizzieren, so viel zutreffende Einzelbeobachtung, die nach den verschiedensten Seiten hin weiterzuspinnen wäre, wird darin geboten. Vor allem wichtig ist die Bestätigung der Annahme der typischen friesisch-niederdeutschen I n d o l e n z des Grundstockes der Bevölkerung, die man überall auf dem Lande, den Dörfern und kleineren Städten zum Unterschiede von den großen Verkehrszentren findet, in denen durch den ununterbrochenen Zufluß von Ausländern stets neue

Anregung, neue Kulturmomente dem großen, langsam arbeitenden Organismus zugeführt werden, der nie aus seinem Geleise zu bringen ist, aber alles was er vom fremden Zuflusse brauchen kann, langsam und gründlich verdaut. Die Gleichgültigkeit, das bequeme und selbstzufriedene Verharren am Althergebrachten, demzufolge eigentlich nichts Wertvolles wieder aufgegeben wird oder verloren geht, der geringe Ehrgeiz, der die Betätigung in Politik, öffentlichem Leben und Regierung gern jenen überläßt, die dazu Beruf fühlen, die "law-abidingness" und dazu die außerordentliche praktische Fähigkeit, aus den größten Widersprüchen stets einen Kompromiß zu finden, lassen die Engländer sozusagen als das geborene Rentnervolk erscheinen. Die persönliche Freiheit, in Ruhe gelassen zu werden, ist das oberste Leitmotiv all ihres Handelns und Nichthandelns. Wenn sie aufgestört oder so sehr gereizt werden, daß ihre Geduld reißt, dann können sie auch sehr unangenehm werden, wie die Vertreibung der Stuarts im 17. Jahrhundert gezeigt hat. Danach aber, nachdem man die Bedingungen für weiteres geruhsames Leben errungen, kamen im "land of compromise" auch die religiösen Gegensätze zur Ruhe. Ebenso rafft sich der langschläferige Engländer zu kühnstem Wagemut und tapferster Unternehmungslust auf, wenn die Umstände ihn übersee führen; aber wo immer ihn sein Schicksal hinführt, überall sucht er sich's behaglich zu machen wie zu Hause. Er arbeitet nicht gern mehr, als er muß, und zehrt auch in seinem Gemütsleben allüberall am liebsten vom altüberkommenen kulturellen Besitz. Daher die Hartnäckigkeit, mit der sich längst überholte alte Gepflogenheiten, die anderen zu unpraktisch erscheinen, erhalten, daher die Leichtigkeit, mit der sich trotzdem wirtschaftliche, rechtliche, gesellschaftliche Vorgänge in althergebrachten Geleisen ruhig und bequem abwickeln. All dies

u. a. m. erklärt die von jedem aufmerksamen Beobachter anerkannte Behaglichkeit des englischen Lebens, die Gesundheit der Entwicklung, die Sicherheit und selbstgenügsame Zufriedenheit mit dem Heimischen. Das Heimische nimmt der Engländer mit sich in die weite Welt, wo immer er hingerät; alles andere, alles Fremde interessiert ihn nur soweit, als er es in seinem gesund verdauenden Egoismus brauchen kann. Und hierin liegt die Gefahr: in der indolenten Unkenntnis alles Fremden, das ihm nicht gerade brauchbar erscheint, und der traditionellen Selbstzufriedenheit und grenzenlosen Überschätzung des Heimischen. Solange er in der Welt allein stand — und nachdem er Spanien, Holland, Frankreich als Rivalen erledigt hatte, stand er allein — da mochte er wohl ungestört in kühnem Unternehmermut alles, was ihm wünschenswert schien, erraffen und mit langsamem Behagen verdauen. Alles, was er kolonisierte, blühte ja auf und spiegelte das behagliche englische Heim wieder mit seiner persönlichen, bürgerlichen und religiösen Freiheit, mit seinen Kompromissen! Alle Rassen und Völker und Religionen der Erde finden auch ihr Heim in dem Weltreiche, über das die Sonne nie untergeht und unter der Führung des „auserwählten Volkes Gottes"! — Solange es eben geht! Solange keine mindestens ebenso unternehmungslustigen Rivalen auf der Bildfläche erscheinen und im Wirtschaftsleben ein rascheres Tempo anschlagen. Ja, wenn das unaufhaltsam fortrollende Rad der Weltgeschichte den Engländern Zeit lassen wollte! Zeit, alle gefährlichen Rückständigkeiten zu beheben, Zeit, zu lernen, was sie in behaglicher Selbstzufriedenheit versäumt, Zeit, nicht ihren wohlberechtigten Nationalstolz, wohl aber ihre Verblendung und Geringschätzung des Auslandes aufzugeben, als ob es etwa nicht mit rechten Dingen zuginge, wenn andere sie in ehrlichem

Wettbewerbe überholten! Keine Nation der Weltgeschichte, die Aussicht hatte, das „imperium mundi" zu verwirklichen, hat je den Wahn seiner Alleinberechtigung oder „Gottgewolltheit" freiwillig oder infolge vernünftiger Überlegung aufgegeben; sie mußten sich stets den harten Kopf an der frischen Kraft neuaufkommender Rivalen zerstoßen und dann verfallen. Sind die Engländer von diesem Wahn nicht zu heilen, gelingt es ihnen nicht, wie es ihnen mit den religiösen Gegensätzen so beneidenswert gelungen, auch im Wettstreite mit anderen Nationen *) zu einem klugen Kompromiß zu kommen, so ist ein Zusammenstoß unvermeidlich, ja geradezu ein tragischer Ausfluß ihrer Verzweiflung. Dies macht die Frage so ernst. Der amerikanische „Vetter" hat ihnen gründlich die Wahrheit gesagt, und die gute Aufnahme des Buches läßt ja hoffen, daß es etwas helfen wird. Die Zeichen mehren sich, daß auch in England besonnene Einsicht über blindes Vorurteil den Sieg erringt, und "the schoolmaster is abroad!"

*) und gemeint war hier, aber begreiflicherweise 1912 nicht ausgesprochen, vor allen Deutschland.

II.

Haben uns die Engländer enttäuscht?

Nichts, keine Erinnerung an alte Freundschaft, keine Rücksicht auf gemeinsame Kulturwerte, keine Hoffnung auf Versöhnung kann die Erbitterung mildern, die die perfide Politik Englands in uns hervorrufen mußte. Die blutige Saat, die Englands ruchlosester König, Eduard der Siebente, gesät, und die die Eingeweihten eifrig gehütet, ist aufgegangen, und mit einem Aufschrei der Entrüstung oder aber mit dem Gefühle dumpfer Betäubung haben wir die Kriegserklärung des stammverwandten England aufgenommen. Bei der Mehrzahl unserer Landsleute, die England nicht selbst näher kennen, war die Entrüstung über diesen von uns durch nichts hervorgerufenen Überfall das Natürliche; bei denen die England und die Engländer genauer zu beobachten Gelegenheit hatten, war es das niederdrückende, schmerzliche Gefühl des Scheiterns einer lange gehegten Hoffnung, der Erfüllung einer lange vorhandenen, immer aber wieder hochsinnig unterdrückten Befürchtung: also doch!

Jetzt heißt es freilich keine Zeit verlieren und mit rastloser, rücksichtsloser Energie den neuen erklärten Feind treffen und strafen, ja, wenn es sein soll, bis zur Vernichtung! Aber in den uns zugleich aufgezwungenen vielen Stunden ungewollten müßigen Harrens, des Nachdenkens über Gegenwart, Vergangenheit und Zukunft, da können wir die von selbst auftauchende ernste Frage nicht beiseite schieben, ob uns die Engländer wirklich getäuscht haben oder ob wir uns die ganze Zeit bisher über die Engländer getäuscht haben, ob wir also unsere ganzen bisherigen Vorstellungen gewissermaßen umlernen müssen.

Ja, die maßgebenden Führer der englischen Politik haben nicht nur uns auf die perfideste Weise belogen, sie haben auch ihr eigenes Volk getäuscht, wohl wissend, daß, wenn die Würfel des Krieges einmal ins Rollen gebracht sind, es kein Aufhalten mehr gibt, daß auch im ungerechtesten, unvolkstümlichsten Krieg der Grundsatz right or wrong — my country! in Geltung bleibt. Um also das englische Volk dahin zu bringen, um den von der fluchwürdigen Eduardschen Politik vorbereiteten Krieg heimlich und ungestört in die Wege leiten zu können, mußte die Regierung nicht nur uns, sondern vor allem ihr eigenes Volk täuschen. Mit der Lüge, dem sonst von dem englischen Volksbewußtsein am elementarsten verabscheuten Laster, hat es angefangen, mit der Lüge wird es systematisch fortgesetzt; das düpierte englische Volk wird weiter betrogen. Hier muß, gleichsam als Anmerkung über Lügenhaftigkeit und Wahrhaftigkeit, hervorgehoben werden, daß die englische Politik seit jeher verlogen war, das gehört geschichtlich nachweisbar zu ihrem Wesen, so wie der Schachspieler skrupellos den Gegner zu täuschen sucht; im Gegensatze dazu aber ist das englische Volk im allgemeinen um so wahrheitsliebender; wer z. B. englische Schulen und ihre sich gewissermaßen selbst ihre Gesetze des Verkehrs gebenden Schüler genügend zu beobachten Gelegenheit hatte, weiß, daß unter ihnen nichts so ehrenrührig und verpönt ist als die Lüge, ja, nicht nur das Belügen von Kameraden, sondern auch von Lehrern. Zur Erklärung der

2*

perfiden englischen Politik brauchen wir gar nicht die angebliche „englische Heuchelei“ heranzuziehen, es genügt die geschichtliche Erkenntnis des englischen Volkscharakters vollkommen, um zu begreifen, wie ein im Grunde wahrhaftes, germanisches Volk trotzdem von seiner verlogenen Regierung als Eideshelfer vor ihren Wagen gespannt werden kann.

Heinrich Heine — wenn mein Gedächtnis mich nicht täuscht — hat einmal gesagt, daß selbst der einfachste Engländer auf eine religiöse Frage immer eine dumme, auf eine politische immer eine kluge Antwort zu geben vermag; das heißt, wenn wir die erstere Frage hier auf sich beruhen lassen, daß er in politischen Dingen elementare, in die Augen fallende Binsenwahrheiten bereit hat, und zwar Binsenwahrheiten, die er leichtgläubig von denen übernommen hat, deren Beruf es ist, Politik zu treiben. In religiösen Dingen ist er Individualist bis zum äußersten, in öffentlichen Dingen ist er schwerfälliger Herdenmensch. Es läßt sich aus den frühesten Zeiten englischer Staatsgeschichte nachweisen, daß die Masse der Bevölkerung, auch der durch Geburt, Besitz und Stellung zur Repräsentanz wohl Berufenen, die Beteiligung am politischen Leben ohne jeden Ehrgeiz gutgläubig denen überließ, die dafür Zeit und Lust hatten, genau so wie heute, was jeder u. a. in dem ausgezeichneten Buche von Sidney Low, die Regierung Englands*), nachlesen kann. Solange die persönliche, individuelle Freiheit des einzelnen nicht gestört wird, läßt er sich willig von den die Führung Übernehmenden leiten, und diese können,

*) übersetzt von Joh. Hoops, mit einer Einleitung von Georg Jellinek, Tübingen, Mohr 1908.

wenn sie die träge Denkart der egoistisch vor allem auf ihre persönliche Bequemlichkeit bedachten Massen mit irgendeinem plausibeln Schlagwort, wie Ehrlichkeit, altes britisches Herkommen, Freiheit, Gewissenssache u. dgl. m. übertölpeln, spielend leicht die ausschlaggebende Mehrheit, Männer, Weiber, Kinder und Greise auch für die niederträchtigste Sache gewinnen. Es ist dies nicht dasselbe wie in Frankreich und anderen romanischen Staaten, wo ja freilich die leicht erregbare Menge durch theatralische Maulhelden fanatisiert werden kann, was aber oft nicht lange vorhält; hat der Engländer einmal eine Idee, so hält er sie hartnäckig fest; er ist langsam, konservativ und schwerfällig wie sein nächster Stammesgenosse der Friese und Niedersachse, dazu denkträge und von wenig eigener Initiative, seitdem er auf seiner rings vom Meer umspülten sicheren Insel sich behaglich niedergelassen hat; er muß immer von neuem, durch Zufluß neuen Blutes aufgemischt werden, sonst ginge er an eigener Indolenz zugrunde; bloß die geschichtliche Tatsache, daß England ununterbrochen, und zwar vom fünften bis elften Jahrhundert auf kriegerischem, seither auf friedlichem Wege das Land der europäischen Invasion gewesen ist, erklärt die noch heute vorhandene Lebenskraft des Volkes, die gegebenenfalls auch tapfer zu neuen Unternehmungen Mut und Frische hat. Sobald die heimische Scholle die Leute nicht mehr nährt, schwärmt der Engländer, seit dem 16. Jahrhundert bis heute ganz wie zur Wikinger Zeit, hinaus in alle Meere; aber das zurückbleibende Volk ist ein bequemes Rentnervolk, das sein althergebrachtes Behagen ungestört und ohne Überanstrengung behalten will, weshalb es die Meere beherrschen muß, auf daß dieses Rentnerdasein vor allen Überraschungen gesichert bleibe. Dies ist eine elementare Tatsache, und dazu gehört weder viel

Denktätigkeit noch viel Initiative; ihrem Temperament entspricht das geruhsame Leben in altüberkommenen Formen, das persönliche Behagen, für das die Freiheit und die "law-abidingness", d. h. das Beharren beim heimischen und aus der Gewohnheit gewordenen Gesetz, erste Bedingung ist. Diese englische Wertschätzung der Freiheit ist nicht unsere deutsche „duft'ge Himmelsblume, Morgenstern nach banger Nacht" und kein „süßes Engelsbild", ebensowenig wie des Engländers Freude an Gesetz und Recht eine Errungenschaft juristischer Denktätigkeit ist, zu der die deutsche Rechtswissenschaft etwa bewundernd emporblicken könnte, sondern beide sind einfach praktische Forderungen des nackten Egoismus, dieses Grundzuges im englischen Volkscharakter, den man allerdings, wenn man ihn richtig deuten will, ebenfalls geschichtlich, und zwar erziehungsgeschichtlich beurteilen muß. Er wird dadurch freilich nicht schöner!

Der Egoismus ist beim Engländer das natürliche Ergebnis seiner Erziehung, oder genauer seiner Unerzogenheit einerseits, seiner Erziehung andererseits, beide Faktoren eigentlich wieder nur die Folgen seines uneingeschränkten Individualismus. Jeder Mensch ist von Natur aus egoistisch; der erzogene Mensch ist frühzeitig angehalten worden, diesen seinen natürlichen Egoismus zu bekämpfen; dies hat zur Folge, daß bei uns auch der besonders egoistische Mensch sich bestrebt, diese allgemein getadelte Eigenschaft zu bekämpfen oder doch zu bemänteln. Der unerzogene Mensch hingegen bleibt nicht nur egoistisch, er wird es vielfach sogar immer mehr, weil er darin nicht getadelt wird, und so wird der Engländer rücksichtslos oder brutal egoistisch. Andererseits kann wieder seine Erziehung, wo eine Erziehung überhaupt einsetzt, ihm es geradezu erschweren, besseren Regungen nachzugeben; ein Grundzug der englischen Erziehung ist, nicht nur das Einzel-Individuum, und zwar schon im Kindesalter, möglichst wenig in seiner individuellen Willensäußerung oder Freiheit zu stören, so daß also der kleine natürliche Egoist ungestört zum großen Egoisten wird, sondern auch dem Einzelindividuum jede Störung der Freiheit *eines anderen* Einzelindividuums als unzulässig darzustellen. *Respekt vor der Individualität*, Respekt vor den Rechten und der Freiheit des Nebenmenschen, so wie man seine eigenen Rechte und Freiheit respektiert sehen will! Daher wird eine Quelle des Altruismus, nämlich das teilnehmende Sich-Hineindenken in einen *anderen*, von Grund aus verstopft. Daher die *absolute Interesselosigkeit für andere*. Es ist gesellschaftlich eine Taktlosigkeit, sich um die Privatangelegenheiten eines anderen zu kümmern! So kann z. B. ein Engländer mit einem anderen oder sogar in dessen intimstem Familienkreis jahrelang freundschaftlich verkehren, und dennoch, wenn er sich etwa inzwischen verheiratete und er seinen Freunden davon nicht *selbst* Mitteilung machte, wäre es die gröbste Unzartheit, danach zu fragen u. dgl. m. Sich für die Privatangelegenheiten eines anderen unberufen zu interessieren, solche uns selbstverständliche und zwar *selbstlos freundschaftliche Teilnahme*, verurteilt der englische Respekt vor den Rechten und Freiheiten des Nebenmenschen von Haus aus. Wenn dergleichen das Leben der Engländer unter sich schon ganz wesentlich anders, als es unserem deutschen Gemütsleben natürlich ist, gestalten muß, um wie viel mehr muß dies ihr Verhältnis zu anderen Nationen nachteilig beeinflussen! Es ist dem Engländer ganz uninteressant und gleichgültig, wie andere Völker sind; solange sie ihm nicht störend in den Weg treten, interessieren sie ihn gar nicht. Dadurch, daß der Engländer in der Regel keine andere Sprache als die seinige kennt und sich für andere

Völker, mit denen er zusammentrifft, gar nicht interessiert, ist seine Unwissenheit, seine Unkenntnis fremden Wesens ganz ungeheuerlich. Wenn er z. B. hört, daß wir Deutsche uns für die englische Literatur interessieren, glaubt er, es sei deshalb, weil wir wohl selbst keine besitzen! Seine nationale Borniertheit und Selbstzufriedenheit ist ihm derart zur zweiten Natur geworden, daß er vielleicht auch beim besten Willen daraus nicht mehr heraus kann, und es ist notwendig, wenn wir uns von dieser englischen Borniertheit eine klare Vorstellung machen wollen, ihrer geschichtlichen Entstehung nachzugehen, denn die Behauptung dieser Tatsache allein müßte einem Uneingeweihten geradezu wie ein schlechter Witz erscheinen; dafür ist die Sache aber doch zu ernst. Soviel auch über England und englisches Wesen bei uns geschrieben und geschmäht worden ist, wobei meist nur einzelne persönliche Eindrücke verallgemeinert wurden, ist das Wesen der Sache durch Anklagen und Verspottungen nicht getroffen; so kommen wir nicht weiter, denn wenn die einen aus persönlicher Sympathie alles blindlings verherrlichen, die anderen aus persönlicher Antipathie nur das, was ihnen mißfällt, hervorheben, ist der Subjektivität Tür und Tor geöffnet, und die bisherigen schwärmerischsten Bewunderer des Engländertums werden durch Ereignisse wie die jetzt eingetretenen bitter „enttäuscht", sowie umgekehrt die bisherigen Spötter und Hasser jetzt sagen, von diesem Volke war überhaupt nichts Besseres zu erwarten!

Um die Beurteilung des englischen bornierten Größenwahns, sine ira et studio, möglichst objektiv zu versuchen, sei es mir gestattet, eine längere Stelle mit geringfügigen Änderungen aus einem Buch hier einzufügen, das schon vor Jahren und ohne Gedanken an die Wahrscheinlichkeit eines deutsch-englischen Krieges geschrieben wurde und den Plan verfolgte, die englische

Literatur aus dem Nationalcharakter und den englischen Nationalcharakter aus der Literatur zu erklären*).

„„Es ist bekannt, daß das englische Wort "foreign", d. h. ausländisch für den Engländer zugleich eine geringschätzige Bedeutung hat, im Gegensatz zu unserer lieben deutschen Gewohnheit, mit der wir jemanden dadurch herabsetzen, daß wir von ihm sagen, er sei „nicht weit her"! "What a pity he is a foreigner!" pflegt der Engländer von einem ihm wohlgefallenden Ausländer zu sagen, etwa so wie wir den Sohn eines Verkommenen bedauern, der überraschenderweise trotzdem ein wohlgeratener Mensch ist. Die größte Schmeichelei, die ein Engländer einem Angehörigen einer anderen Kulturnation naiverweise sagen zu können wähnt, ist die Versicherung, daß er fast für einen Engländer gehalten werden könnte! Umgekehrt würde ein Engländer es höchst peinlich empfinden, wenn man ihn für einen Ausländer hielte! Als ich vor Jahren einmal in meinem englischen Seminar an der Universität in Freiburg i. B. neben den deutschen Studenten eine ungewöhnlich große Anzahl englischer und amerikanischer hatte und daher daraus zwei Gruppen bildete, beklagte sich ein Engländer später vertraulich bei mir, daß ich die Engländer "foreigners" genannt hätte! Auch im Auslande fühlt sich der Engländer durch einen Hinweis, er sei ein "foreigner", verletzt! Er ist überall nur der Engländer! Die englische Mutter, im Anblicke ihres Schoßkindchens versunken, weiß ihrem Mutterglücke und Stolze keinen stärkeren Ausdruck zu geben als durch die Versicherung, daß es echt englisch sei! Man soll mit seinem

*) A. Schröer, Grundzüge und Haupttypen der englischen Literaturgeschichte, 2 Bändchen der Sammlung Göschen, 1. Aufl. 1906. Neudruck 1914. Bd. 2, S. 64 ff.

intimsten englischen Freunde nicht politisieren, denn sein Wahlspruch: right or wrong — my country! ist ihm so in Fleisch und Blut übergegangen, daß jedes Argumentieren nutzlos wäre. Die helle Entrüstung und laute Äußerung derselben, die sich auf dem Kontinente aus Anlaß des letzten Burenkrieges gegen England regte, war nicht allein deshalb übel angebracht, weil sie unpolitisch war, sondern vielmehr deshalb, weil sie die Motive des englischen Empfindens nicht richtig verstand. Für den Engländer ist es traditionelle, heilige Überzeugung, daß es für den Menschen kein größeres Glück geben könne, als Engländer zu sein; für seine sittliche Vorstellung gibt es nur auf der einen Seite Engländer, d. h. den Typus des zivilisierten Vollmenschen, auf der anderen Seite all die verschiedenen Abarten, Barbaren, oder in verschiedenem Grade — aber natürlich vergeblich — dem Typus des Vollmenschen zustrebenden Ausländer. So wie unsere Missionsgesellschaften mit heiligster Überzeugung die heidnischen Wilden durch Bekehrung zum Christentum zu retten glauben, so glaubt der Engländer, die Welt durch Bekehrung zum Engländertum oder durch Anglisierung zu beglücken. Man wird einen gläubigen Missionar ebensowenig von der Gleichwertigkeit von Christen und Heiden überzeugen, wie einen Engländer von der der Engländer und der Ausländer.

Dieser ganz eigenartige Nationaldünkel der Engländer ist etwas ganz anderes als der komödiantenhafte Chauvinismus der Franzosen. Der Engländer ist viel zu ernst und zu ehrlich, er macht darin weder sich noch anderen eine Komödie vor, und für nationale Phrasen und Rodomontaden ist er nicht zu haben, nur für sehr nüchterne Realpolitik.

Eben weil der Engländer zu ernst ist, verträgt er sich heute viel leichter mit dem Franzosen als mit dem Deutschen. Wenn er auch nach wie vor alle "foreigners" als minderwertig geringschätzt, der Franzose amüsiert ihn, den nimmt er nicht ernst, er weiß, daß er ihn wie ein törichtes Kind zu allem benützen kann, sobald er seiner chauvinistischen Eitelkeit schmeichelt. Ganz anders steht er zum Deutschen. Der Deutsche ist ebenfalls ernst, und wenn er früher in der unpraktisch scheinenden Wissenschaft überlegen war, so ist er es seit 1871 auch zunehmend mehr in der praktischen Wirtschaftspolitik. Da hört doch der Spaß auf! Besonders beunruhigend muß für den konservativen, stetig, aber langsam fortschreitenden Engländer die rapide Verschiebung der politisch-wirtschaftlichen Verhältnisse während der letzten 30 Jahre wirken. So schnell rechnet der Engländer nicht. Sehr allmählich, aber sicher greift die Überzeugung in England um sich, daß allgemeine Schulbildung, Kenntnis fremder Sprachen und Völker eine unvermeidliche Notwendigkeit ist; um aber den in dieser Hinsicht an ihn herantretenden Bedürfnissen gerecht zu werden, müßte ihm die Weltgeschichte etwas mehr Zeit lassen, um all seine jahrhundertealten Begriffe und Vorurteile umzudenken oder wenigstens einer Revision zu unterziehen; die Weltgeschichte ist aber nicht so rücksichtsvoll, und da verwirrt diese Plötzlichkeit seine Begriffe, statt sie ruhig zu läutern, und die Schuld für die Verwirrung, in der er sich befindet, schiebt er nicht der Langsamkeit seiner Entwicklung zu, sondern dem ihm am meisten unbequemen Deutschen! Der Deutsche ist tatsächlich für den bornierten Standpunkt des Engländertums recht unangenehm, ein höchst lästiger Störenfried, den man je früher desto besser vernichten sollte, denn er bedroht ja allen Ernstes das Grundprinzip der sittlichen Weltordnung, das nach englischer Auffassung darin besteht, die Menschheit durch Anglisierung zu beglücken. Dem bornierten Engländer ist es ganz unverständlich, daß der Deutsche das nicht einsieht, ja die deutsche Prätension, auch einen Platz an der Sonne zu bekommen, empört sein sittliches Gefühl gerade so, wie es einen christlichen Missionar empören müßte, wenn man seinen Bekehrungsversuchen zum Christentum eine Propaganda, z. B. für den Buddhismus, entgegenstellte. Der bornierte Engländer ist also wirklich ehrlich entrüstet über die Schlechtigkeit des Deutschen, der ganz übersieht, daß das Heil der Welt doch nur im Engländertum beruhen könne!

Der englische Nationaldünkel ist aber auch nicht mit dem stupiden Nationalitätsrausch der Papuas, der Massai und anderer Barbaren oder Halbbarbaren, deren wir ja auch noch in Europa welche haben, zu vergleichen; denn wenn er auch unparteiisch betrachtet eine Borniertheit ist, so ist bei den Engländern der Nationaldünkel nicht wie bei den genannten Barbarenvölkern die Folge angeborener und ungestörter Borniertheit, sondern die Borniertheit der Engländer ist nur eine Folge ihres Nationaldünkels. Die Barbaren werden dünkelhaft, weil sie borniert sind, hingegen die Engländer werden borniert, weil sie dünkelhaft sind. Das ist ein gewaltiger Unterschied! Der englische Dünkel hat sozusagen seinen „moralischen Hintergrund", und dieser ist im wesentlichen das Produkt des 17. Jahrhunderts, und zwar des Puritanismus, obwohl er sich echt englisch nur langsam und stetig entwickelt hat, um im 19. Jahrhundert seinen Höhepunkt zu erreichen.

Der englische Nationaldünkel, die englische Borniertheit ist nämlich nur ein Teil bzw. ein Auswuchs eines gar wohl berechtigten, geschichtlich bewährten Nationalgefühls.

Der Widerstand des in seiner Existenz bedrohten Puritanismus hatte das englische Nationalgefühl bis aufs äußerste erregt, und zwar nicht wie dergleichen z. B. bei manchen anderen Nationen sich in wahnwitzigem Chauvinismus und hohlem, komödiantenhaftem Phrasentum äußert, sondern in ernster, sehr nüchterner Art. Das englische Nationalgefühl und infolgedessen auch die kolossalen politischen Erfolge der Engländer im 17. und 18. Jahrhundert beruhen wesentlich auf zwei Grundzügen, dem der nationalen Einheitlichkeit und dem des christlichen Tugendstolzes, beide Grundzüge des Puritanismus, beide gefährdet durch den französierenden, katholisierenden Hof der Stuarts.

Es ist natürlich, daß die insulare Abgeschlossenheit Englands die Einheitlichkeit der Nation begünstigte, doch trotzdem war diese Einheitlichkeit im 16., 17., 18. Jahrhundert in beständiger Gefahr, und zwar bedroht durch die katholischen Mächte, sowohl durch Spanien, wie durch Frankreich. Noch bis in die Mitte des 18. Jahrhunderts hinein, als die letzten Versuche der Stuarts, den verlorenen englischen Königsthron mit französischer Hilfe zu gewinnen, scheiterten, reicht diese latente Gefahr der Einmischung des Auslandes und der Katholisierung. Der englisch-nationale, protestantisch puritanische Geist siegte und steigerte durch seine Erfolge das englische Nationalgefühl und das Mißtrauen gegen alles Fremde ins Maßlose. Dazu kam aber außer dem politisch nationalen auch der moralische Sieg. Die puritanische strenge Sittlichkeit, die im Kampfe mit der höfischen Unsittlichkeit den Sieg davongetragen hatte, verleitete durch ihren Erfolg auch zu der Ansicht, die sich immer mehr als Überzeugung einwurzelte, daß die englische Sittlichkeit allein wirklich Sittlichkeit, das Fremde an sich schon sittlich tiefer stehend, ja unsittlich und verächtlich sei. Was wußten denn die Engländer von den Fremden, den "foreigners"? Abgesehen von zahllosen und meist bedürftigen Ausländern aller Art, die in England ein besseres Fortkommen suchten, kamen sie in der Regel nur mit Franzosen und Holländern — in Amerika noch mit Spaniern und Portugiesen in Berührung. Italien, das zu vorübergehendem Aufenthalt zu besuchen, jahrhundertelange Tradition ist, zeigte ihnen in seinen politisch zerrissenen Zuständen deutlich genug die Gefahren und Schäden der römischen Herrschaft. Die Franzosen, Spanier, Portugiesen erschienen ihnen als die Repräsentanten der Unmoral, namentlich was das Verhältnis der beiden Geschlechter zueinander und damit das Familienleben betrifft. Die Holländer, die sie "Dutch" nannten und gewissermaßen als Repräsentanten der Deutschen auffaßten, waren ein zu kleines Volk, und dazu aus wirtschaftspolitischen Gründen verhaßte Rivalen zur See, die sie schlugen und deren Machtstellung niederging, je mehr die Englands zunahm. Ein blühendes deutsches Reich gab es ja leider nicht; die einzige Kulturnation, die ihnen Eindruck machen konnte, waren eben nur die Franzosen, ihre Erbfeinde, und diese waren ihnen zu unmoralisch. Also, die Engländer hatten als erfolgreich aufstrebendes Volk sehr gewichtige Gründe, auf die "foreigners" als untergeordnete Repräsentanten des Menschengeschlechts mit Mißtrauen herabzublicken. Die weitere Geschichte gab ihnen recht. Das heutige Amerika gibt ihnen recht. Was haben die Spanier, Portugiesen, Franzosen, Holländer aus Amerika gemacht? Und was haben die Engländer daraus gemacht? Überall und in all ihren Kolonisationen haben sich die Engländer, ehe die Deutschen kamen, als das erste Kulturvolk der Welt bewiesen; das kann nur bezweifeln, wer die Tatsachen nicht kennt oder nicht kennen will. In welchem Zustande befinden sich die von den romanischen Völkern gegründeten südamerikanischen Staatenbildungen?! Die Kulturleistungen der Engländer sind von allen wirklich Sachverständigen anerkannt, und so kann man es den Engländern wahrlich nicht verübeln, daß sie immer mehr davon überzeugt sind, daß sie mit ihren Anglisierungen die Welt beglücken. Andere Nationen mögen ja über das Glück, anglisiert zu werden, anderer Meinung sein, aber wenn man gerecht urteilen will, muß man die Auffassung der Engländer doch aus ihrem geschichtlichen Werden beurteilen.

Eben weil die Engländer ihr Nationalgefühl auf das Bewußtsein ihrer kulturellen Erfolge und auf den Glauben, daß sie allein das auserwählte Volk Gottes auf Erden seien, gründen, erscheint ihrem Dünkel jeder Wunsch anderer Völker, sich als gleichberechtigt zu behaupten, wie eine Versündigung am Willen Gottes. Darum entrüstete sie im letzten Burenkriege nichts so sehr wie eine Rede Krügers, 1897, worin er behauptete, Gott habe den Buren den Sieg von Majuba Hill verliehen; das erschien ihnen geradezu als Gotteslästerung! Dazu ist wieder zu erinnern, daß es sich beim Engländertum niemals streng genommen um die Rasse handelt, sondern um die englische Kulturgemeinschaft, zu der jeder gehören kann, der sich ihr anschließen will. Dadurch ist, wie v. Schulze-Gaevernitz sagt, „das englische Nationalgefühl zugleich Kosmopolitismus: der Dienst an der eigenen Nation erscheint als Dienst an der Menschheit. Denn die eigene Nation gilt als Verwalterin der höchsten Kulturgüter, zu denen die übrigen Völker bewundernd und nachahmend aufblicken. Anglisierung der Welt bedeutet also Förderung der Menschheitskultur. Es ist überflüssig, darauf hinzuweisen, daß ein solcher Glaube ein nationales Machtmittel ersten Ranges ist".

Also der englische Nationaldünkel beruht auf sehr realen, geschichtlichen Erfolgen ihres sittlichen Empfindens, und er ist daher eine Kraft, die die ganze Kultur und Literatur des Landes und die heutige Weltanschauung der Engländer verständlich macht.""

Es ist also ein naiver Glaube von elementarer Begreiflichkeit und daher auch elementarer Gewalt, der das Nationalgefühl des Engländers trägt, und man muß zugeben, seine besten menschlichen Eigenschaften liegen diesem naiven Glauben zugrunde. Die Borniertheit und Unwissenheit der Massen ermöglicht es ihren Politikern, durch Appell an solche elementaren Vorstellungen zu überzeugen, und wenn die Politiker es klug fertig bringen, zugleich dem natürlichen Egoismus des Engländers zu dienen, ja dann haben sie um so sicherer gewonnenes Spiel, denn was man wünscht, das glaubt man gern — sobald man die Verantwortung den berufenen Führern zuschieben kann — und „Glauben ist leichter als Denken"!

Die wenigen, die bessere Erkenntnis und eigenes Urteil haben, haben sich auch in England mutig gegen die Kriegserklärung erhoben, und, soweit man vorläufig aus den spärlichen Nachrichten entnehmen kann, sind solch ehrliche Bekenner in England ungleich zahlreicher aufgetreten, als etwa in Frankreich. Aber feinere Geister können nicht an gegen die Wucht der Massensuggestion. Die englische Regierung hat das Volk mit sicherem Erfolge getäuscht und sorgt dafür, daß die Enttäuschung nicht zu früh aufkommt; würde sie kommen, noch ehe die englischen Verluste zu gewaltig und wir selbst in England eingedrungen sind, dann wäre es um diese Regierung geschehen! Aber der Sturmlauf der Ereignisse ist nicht so geduldig, und so geht das Schicksal seinen Gang.

Ob wir Deutsche uns über die Engländer getäuscht haben?

Über die englische Politik und die Absichten der heimlichen deutschfeindlichen Kriegspartei haben wir uns m. E. getäuscht, nicht insofern als wir die Nachwirkungen der Eduardschen Intrigen nicht gemerkt hätten, sondern insofern als wir die Größe der Torheit und Unwissenheit und sträflichen Oberflächlichkeit der Regierungskreise Englands unterschätzt haben. Der Fortschritt der Erkenntnis in England ist nicht nur beim Volke, sondern auch bei den Regierenden ungemein langsam, und die Einsicht, daß durch einen von ihnen erhofften Untergang Deutschlands England der nächste Verlustträger wäre, dämmerte erst wenigen helleren Köpfen auf. Wir hofften von Jahr zu Jahr ein Zunehmen des Verständnisses und taten unsererseits alles, um es den Engländern leicht zu machen. Aber ein solches Maß von Unwissenheit und Unkenntnis deutscher Verhältnisse, wie es sich jetzt bei der englischen Regierung zeigt, haben wir wohl nicht vorausgesetzt, und zwischen Dummheit und Verbrechen besteht in der Regel ein Kausalnexus.

Jedoch über das englische Volk und die großen Massen des gebildeten Mittelstandes, der Gelehrten, Kaufleute und Beamten konnte, wer Gelegenheit hatte, mit ihnen persönlich zu verkehren, sich nicht täuschen; diese, der wertvollere Teil, zum Unterschied von der Regierung, hat uns auch gar nicht täuschen wollen! Gerade weil das englische Volk im Grunde ehrlich und wahrheitsliebend ist — ich sage das und behaupte das nach wie vor laut und offen trotz aller Erbitterung über Englands ruchlose Politik! — konnte und mußte jeder, der in den letzten Jahren mit Engländern verkehrt hat und zu beobachten versteht, deutlich empfinden, daß doch bei aller der Einzelperson erzeigten freundschaftlichen Gesinnung die Stimmung der gebildeten Engländer gegen Deutschland und für Frankreich, ja selbst für Rußland war! Der verdiente Göttinger Anglist L. Morsbach hat seinen mannhaften offenen Brief an die Anglisten Deutschlands und Österreichs (abgedruckt in der Kölnischen Zeitung Nr. 999) mit den Worten begonnen: „Nun ist eingetreten, was wir längst befürchtet, aber nicht wahr haben wollten, weil wir noch immer an den guten Genius des englischen Volkes glaubten." Das ist unbestreitbar richtig, und ebenso richtig ist es, daß auch die besten, gebildetsten Engländer infolge ihrer von Kindheit an eingewurzelten nationalen Borniertheit unfähig sind, deutsches Wesen ganz zu begreifen. Ihre Wahnvorstellung vom preußischen Militarismus und vom autokratischen Despotismus unseres Kaisers ist ihnen nicht auszutreiben, zumal ihre nationale Borniertheit sie immer noch in das Gefühl der Sicherheit wiegt, daß ihre Soldaten, ihre Art der Landesverteidigung der unseren weit überlegen sei! Mit einem gewissen schmerzlichen Bedauern betrachteten uns auch unsere (einstigen) persönlichen, intimsten, ehrlichsten englischen Freunde, als ob wir die rettungslos Düpierten wären! Daß die Beherrschung der Meere gewissermaßen ein angestammtes Geburtsrecht der Engländer und jede Konkurrenz darin gleichbedeutend mit Diebstahl sei, erscheint der englischen Borniertheit eine gottgewollte Selbstverständlichkeit. Sie geben zu, daß ihr Volk durch den demoralisierenden Einfluß Eduards VII. religiös, gesellschaftlich, wirtschaftlich im Niedergange begriffen ist, aber ihr Wahn von der unvergleichlichen Überlegenheit Englands läßt sie das Übel nicht erkennen, wo es sitzt, und da irgend jemand daran schuld sein muß, kann es natürlich nur das rasch emporgekommene Deutschland sein! Es ist jetzt nicht die Zeit, bei einigen nebensächlichen, kleinen Äußerlichkeiten und Schwächen unserer Landsleute zu verweilen, die diese englische Wahnvorstellung scheinbar unterstützten. Man konnte nur hoffen, wenn die Weltgeschichte uns und den Engländern Zeit ließ, daß die Erkenntnis der wahren Lage der Dinge selbst bei dem langsamen, an alten Vorurteilen zäh haftenden Inselvolke allmählich durchdringen werde; die Demoralisierung und Erschlaffung und daher die Entartung englischen Wesens durch Eduard VII. hat sich aber, das scheint zu befürchten, wohl schon zu tief auch bei dem einst so gesunden Bürgertum eingefressen; so hat es wohl nicht mehr die Kraft und den puritanischen Ernst eines Carlyle zu strenger Arbeit an sich selbst; anstatt es dem in ehrlichem Wetteifer tüchtig vorwärtsschreitenden Deutschen an Tüchtigkeit gleichzutun, dünkt es ihm bequemer, den sein Rentnerbehagen störenden friedlichen Rivalen hinterrücks überfallen zu lassen, so wie Jago den edeln Cassio zu beseitigen trachtet, weil dieser eine tägliche Schönheit an sich hat, die ihn, den Jago, daneben häßlich erscheinen läßt! Die Rettung und Läuterung Englands wäre nur in tüchtiger Arbeit zu erwarten gewesen, aber dazu ist das Volk zu schlaff geworden; bequemer ist es, die Arbeit anderer zu schmähen und zu stören, selbst um den Preis des guten Gewissens! So hat die englische Regierung ihr Volk mit unaustilgbarer Schmach bedeckt, als sie die Gründe angab, aus denen sie Deutschland auf die Knie zwingen zu sollen meinte, es sind die Gründe eines Jago! Die Zeit ist leider vorbei für den Sieg der Vernunft, das Schwert muß entscheiden, Gott sei's geklagt — und daher in Gottes Namen feste druff! und durch!

3*

III.

Militarismus, Wissenschaft und Disziplin.

„Nur dem Ernst, den keine Mühe bleichet,
Rauscht der Wahrheit tief versteckter Born."
Schiller.

Wenn man in diesen Tagen und Wochen, in denen unsere tapferen Krieger im Osten und Westen unseres Vaterlandes Weltgeschichte machen, unser deutsches Heerwesen lobt, so bedeutet das nicht viel; auch der beschränkteste Philister und unverantwortlichste Nörgler, dem der Schrecken des Krieges plötzlich in die Glieder gefahren ist, gibt jetzt gern zu, daß es ein Glück war, daß alles so „klappte", und kein anständiger Mensch will jetzt mit Anerkennung, Dank und Opferwilligkeit zurückhalten. Aber, sowie wir unsere treffliche Feuerwehr nicht erst hochschätzen, wenn unser Haus brennt, ist es doch auch recht heilsam, wenn unser Volk sich nicht nur im Falle plötzlicher Kriegsgefahr unseres Militarismus freue, sondern sich ernstlich bewußt und klar darüber werde, daß jede derartige große Kulturerscheinung nicht in der Luft schwebe, nicht etwa der Lieblingsgedanke einer politischen Partei sei oder der Laune eines besonders kriegerisch gesinnten Monarchen entspringe, sondern zum eigensten Wesen unseres Nationalcharakters, wie ihn unsere Geschichte entwickelt hat, gehöre. Dies muß uns schon die Auffassung unserer Gegner, besonders unserer schlimmsten Feinde, der Engländer, lehren, deren heute maßgebende Regierung es ja als ihre angebliche Kulturmission erklärt, diesen deutschen Militarismus im Interesse der Zivilisation und Freiheit der Welt zu vernichten!

Ich sage, zum eigensten Wesen unseres Nationalcharakters, wie ihn unsere Geschichte entwickelt hat! Denn von Haus aus sind die verschiedenen deutschen Stämme nicht alle so gewesen, wie sie gottlob heute sind, und es wird jeder gutdeutsche Stamm gern zugeben, daß wir diese Schulung und Disziplinierung zum großen Teile Preußen verdanken. Es hat für keinen etwas Beschämendes, vom anderen zu lernen. Das haben unsere braven Bundesgenossen in Österreich jetzt glänzend bewiesen. Ich erinnere mich lebhaft einer bezeichnenden Äußerung eines Wiener Fiakers, dieses Urtypus des lebenslustigen, leichtblütigen aber gesunden Österreichertums, aus dem Jahre 1871: „Anno 66 haben die Preißen uns g'haut, aber recht is uns gschehn, weils gscheidter gewesen sein wie wir, alsdann müassen mr's halt grad a so machen!" Und sie haben es „grad a so" gemacht, sie haben gern gelernt und dadurch nur gewonnen!

Wenn andere Nationen, und insbesondere die Engländer diesen „Militarismus" in den schwärzesten Farben darstellen, sprechen sie sich vor allem selbst das Urteil. Sie wollen es eben nicht wie die tüchtigeren, noch gesund aufstrebenden Österreicher „grad a so" machen, und weil sie zu träge sind, etwas zu lernen und sich gehörig anzustrengen, weil ihnen der kategorische Imperativ der Arbeit unbequem ist, deshalb möchten sie diesen gern aus der Welt schaffen. England stand an einem ernsten Scheidewege. Die einbrechende Sündflut von Arbeitsscheu, Gottlosigkeit, Vergnügungssucht und Demoralisation, der der König Eduard VII. Tür und Tor geöffnet, hatte ihre entnervenden Wirkungen schon gezeigt. Ernstere Leute hofften immer noch, es werde gelingen, der drohenden Flut Einhalt zu bieten, hofften immer noch, der alte puritanische Geist der Sittenstrenge und der Arbeit werde sich geltend machen; aber es war zu spät, zu spät, weil es der Regierung gelang, die schwachen Seiten des Volkes zu benützen, und so war dieses Volk zu schwach, um diese teuflische Regierung, die selbst zu erbärmlich war, um mit den tollen Wahlweibern fertig zu werden, wegzufegen und durch eine starke zu ersetzen. In ihrer jämmerlichen Hilflosigkeit, mit der Ulsterfrage und anderen inneren Schwierigkeiten zustandezukommen, nach einem Ausweg verlegen, stürzte diese Regierung in sträflicher Verblendung das Volk in einen Krieg, log nach links und rechts und stellte die Tatsachen schamlos auf den Kopf, um ihr Vorgehen zu rechtfertigen; sie verkannte zwar gänzlich die Kraft und Stimmung Deutschlands, aber sie kannte zur Genüge die Schwäche ihres eigenen Volkes, dem eben *der unserem Militarismus zugrundeliegende kategorische Imperativ der Arbeit* unbequem war; gelang es der Regierung, dem Volke diesen unbequemen kategorischen Imperativ als Feind in Gestalt einer eroberungssüchtigen Militärherrschaft plausibel zu machen, so hatte sie dasselbe hinter sich. Durch hartnäckige Täuschung ist es ihr gelungen, im Volke diese falsche Vorstellung zu erwecken. Aber, wenn es zu spät sein wird, dann wird wohl auch das getäuschte Volk zu seinem Schaden erkennen, daß es sich um ganz etwas anderes handelt, und zwar um nichts Geringeres als um den Kampf zweier Grundsätze, den der *Arbeit* und den der *Indolenz*. Man kann hier nicht von zwei entgegengesetzten Weltanschauungen sprechen, denn in ihren Weltanschauungen und ihrem sittlichen Empfinden stehen Deutsche und Engländer sich doch zu nahe, sondern eher von verschiedenen zeitweiligen

Stadien; wir befinden uns im Stadium gesunden Aufstrebens, von dem die Engländer, durch ihre Erfolge verwöhnt, herabgesunken sind; die besten Elemente unter ihnen, und wie es scheint, auch die jetzige Königin, strebten wieder in die Höhe, und daher hoffte man noch bis zuletzt, daß der Niedergang aufgehalten werden könnte; es hat aber leider die Schwäche obgesiegt!

Das Evangelium der Arbeit wäre eben kein Evangelium, keine frohe Botschaft, wenn es nur Mühe und Not bedeutete, anstatt freudiges Einsetzen der ganzen Persönlichkeit für eine klar bestimmte Aufgabe. Solches Einsetzen der ganzen Persönlichkeit schließt weichliche Rücksicht auf das eigene Wohl zum Schaden der zu leistenden Arbeit aus; damit sind fauler Eigennutz, Bequemlichkeit und Indolenz ausgeschaltet, und der ernste Wille, die gestellte Aufgabe zu lösen, läßt Bummligkeit und Unzuverlässigkeit nicht aufkommen. Wohl sagt ein alter englischer Puritaner, William Penn (in seinen Früchten der Einsamkeit*) 1, 388) „Pünktlichkeit im Erledigen ist eine große und gute Eigenschaft bei einem Beamten, wenn sein Pflichtgefühl und nicht die Aussicht auf Gewinn die Triebfeder dazu ist." Aber diese Pünktlichkeit, diese Zuverlässigkeit, dieser Ernst in der Arbeit, diese sind eben dem heutigen Rentnervolke Englands in bedenklicher Weise abhanden gekommen. Man arbeitet nicht mehr, als unbedingt nötig erscheint, denn man ist so verwöhnt, daß man überzeugt ist, es geht auch so! Es ist ja alles in England so unübertrefflich, daß man mit der bequemen Bummligkeit ganz gut so weit kommt, als man will; man hält daher die deutsche Art strenger Pflichterfüllung und Disziplin für lächerlich überflüssig, und wenn sie der englischen Nonchalance in den Weg kommt, für ärgerlich und störend. Den Gipfelpunkt

*) Deutsch von Siegfried Grafen von Dönhoff, Heidelberg, C. Winter 1913.

dieser Lächerlichkeit aber bildet in ihren Augen unsere militärische Disziplin; sie haben dergleichen doch nicht nötig, es geht doch auch ohne diese; Beweis dafür: England; denn der englische Soldat ist doch zweifellos der beste! Also, dieser deutsche Militarismus ist für die Engländer, solange er harmlos bleibt, eine Lächerlichkeit; sollte er sich aber ernstlich mausig machen, muß er zerstampft werden! Das ist doch für die englische Borniertheit selbstverständlich! So sehr sie daher angeblich bedauern, uns vernichten zu müssen, so sind wir verblendete Deutsche in ihren Augen doch nur selbst schuld daran, wenn wir derartig überflüssige, einem freien Volke unerträgliche Forderungen wie Disziplin ernstlich geltend machen wollen!

Da ist aber beachtenswert, daß die Engländer, die in Verwaltungs-, Regierungs-, Administrationsfragen usw. ihre auf Gewohnheit und Belieben beruhende Bummelwirtschaft für das Bessere halten, auf einem Gebiete unseres Kulturlebens, das doch eigentlich die Grundlage aller genannten ist oder sein sollte, nämlich auf dem der Wissenschaft, ganz anders urteilen! Da halten sie deutsche Gründlichkeit für das größte Lob; wenn der Engländer in seiner nationalen Selbstüberhebung es geradezu für eine Beleidigung hält, für einen "foreigner" gehalten zu werden, so fühlt er sich doch sehr geschmeichelt, wenn er als Gelehrter mit Deutschen auf eine Stufe gestellt wird. Die Wissenschaft in England ist eben geradeso wie all ihre öffentlichen Einrichtungen undiszipliniert, dem Belieben des einzelnen überlassen; es gibt bekanntlich auch heute eine große Anzahl führender englischer Gelehrter; doch dies sind in der Regel Eigenbrötler, ja vielfach als Sonderlinge belächelte Schwärmer, die verhältnismäßig selten mehr als dem Namen nach die Universitäten zieren, an denen die Professuren als Pfründen meist durch persönliche Protektion besetzt werden; die englischen Universitäten — mit Ausnahme der nach deutschem Muster in neuester Zeit emporgekommenen Londoner — sind dann auch danach! Es fällt in Deutschland doch keinem Vernünftigen ein, an einer englischen Universität zu studieren, höchstens sich dort aufzuhalten, um Sprache, Land und Leute an Ort und Stelle kennen zu lernen. Die Wissenschaft ist dort nicht wie bei uns organisiert, sie ist Privatliebhaberei, schier erstickt von aufdringlichem Dilettantismus, so daß die wenigen wirklichen Gelehrten meist resigniert hinüberblicken in das gelobte Land der Wissenschaft, Deutschland, wo manche von ihnen einst selbst studiert hatten und alle ihre unentbehrlichsten Anregungen suchen. Ich habe einmal (in einem Beitrag zur Festschrift Viëtor, Marburg i. H., Elwert 1910) den grundsätzlichen Unterschied zwischen deutscher und englischer Gelehrtenarbeit festzustellen versucht und dabei besonders das Schwergewicht der Gewissenhaftigkeit, das dem deutschen Gelehrten eigen ist oder eigen sein muß, wenn er zur Gelehrtenrepublik zählen will, betont. Nicht als ob der englische Gelehrte nicht hie und da erfolgreicher, origineller, anregender sein könnte als der deutsche, der oft in Pedanterie und Kleinkram stecken bleibt und den Wald vor Bäumen nicht sieht. Aber der Engländer betrachtet auch die Wissenschaft mehr für einen vergnüglichen Sport, bei dem seine jeweilige persönliche Neigung allein maßgebend ist, nicht aber das Bewußtsein, sich in den strengen Dienst einer sein ganzes Leben beherrschenden, unerläßlich wichtigen Aufgabe zu stellen. Genauigkeit, Zuverlässigkeit übt er soweit sie ihm etwa für seine Zwecke wertvoll erscheint, nicht unter dem Drucke der Verantwortlichkeit der ganzen nach Wahrheit strebenden Menschheit gegenüber. Dem deutschen

Gelehrten ist eine wissentliche Ungenauigkeit eine Versündigung wider den heiligen Geist der Wissenschaft, und selbst wenn er sicher wäre, daß ihm bei Lebzeiten niemand eine Unzuverlässigkeit nachweisen könnte, es würde ihn der strafende Blick seiner verstorbenen Meister, eines Karl Müllenhoff, eines Richard Heinzel, eines Erwin Rohde u. a. m. ruhelos verfolgen, ihn innerlich vor seinem eigenen Gewissen vernichten! Nach Goethes bekanntem Ausspruch: „Wer Wissenschaft und Kunst besitzt, hat auch Religion; wer jene beiden nicht besitzt, der habe Religion!" ist für den deutschen Gelehrten seine Wissenschaft sein kostbarster Lebensinhalt, sein Glaube, seine Liebe, seine Hoffnung, und darum ist sie ihm so heiliger Ernst, darum ist ihm ihr Dienst ein kategorischer Imperativ der Arbeit auf jenem Gebiete, auf dem er eben nach freier, innerer Wahl am besten wirken und schaffen und dienen zu können glaubt.

Eine derartige, die ganze Persönlichkeit erfordernde Berufsidee ist dem englischen Denken in der Regel fremd. Es gab wohl in den großen Puritanerzeiten in England eine asketische, und zwar wirtschaftliche Berufsidee, der die Engländer ja auch ihre wirtschaftlichen Erfolge dankten. Aber mit dem Niedergang dieser starken religiösen Regelung des tätigen Lebens, mit der durch Eduard VII. eingerissenen Demoralisierung und Erschlaffung ist es auch damit vorbei. Die Wissenschaft ist in England immer nur ein Zierat, eine Privatliebhaberei gewesen, keine treibende, erzieherische Kraft für die Nation. Es hat etwas unendlich Liebenswürdiges und Ehrenwertes, daß in einem Lande, in dem das Gelderwerben so sehr im Vordergrund der Interessen steht wie in England, dennoch immer und immer wieder einzelne Enthusiasten sich finden, die ohne Aussicht auf persönlichen Vorteil, ja oft unter Aufopferung desselben sich in hingebendster Weise einer wissenschaftlichen Aufgabe widmen. Sie werden von ihren Landsleuten freilich meist als sonderbare Schwärmer angesehen, sehen aber auch selbst ihre Tätigkeit meist nur als Liebhaberei an, die durchaus nichts mit ihren höheren Lebensinteressen zu tun hat, wie gesagt, gewissermaßen als Sport, den sie, je nach Laune, auch für einen anderen vertauschen, sei es nun Briefmarkensammeln oder Herstellen künstlicher Angelfliegen oder sonst irgend etwas. So hat z. B. der verstorbene Reverend Richard Morris, Schulmeister und Geistlicher, in kärglichen Mußestunden unermüdlich und selbstlos alt- und mittelenglische Handschriften herausgegeben, und zur Abwechslung amüsierte er sich auf seine alten Tage ebenso eifrig mit Pali. Der größte englische Anglist Henry Sweet begann bahnbrechend in englischer Philologie zu wirken, gab das aber, außer für den Vertrieb von Elementarbüchern, wieder auf, als er sich über die Indolenz seiner Landsleute ärgerte, und widmete sich dem Arabischen und dem Radfahren usw. Ein Weichenwärter, Ch. Crawford, vergnügt sich mit der Herstellung von Konkordanzen zu den Dichtern Kyd und Marlowe, sehr verdienstlich und ehrenwert, aber für unsere Vorstellung überraschend unmotiviert und zusammenhanglos, u. dgl. m. Also die W i s s e n s c h a f t, die bei uns etwas sehr Ernstes ist, ist dem Engländer eben w i e a l l e s a n d e r e — außer dem Gelderwerb! — z. B. wie Politik, Verwaltung, Armenfürsorge usw. P r i v a t l i e b h a b e r e i, eine Art S p o r t. Darin liegt die kolossale Rückständigkeit und Schwäche des Engländertums, darin ihre völlige Unfähigkeit, uns zu verstehen.

Als der furchbare Krieg ausbrach und selbstverständlich auch eine große Zahl junger Oberlehrer unserer höheren Schulen ins Feld rief, da boten sich sofort eine große Anzahl unserer führenden Männer der Wissenschaft unserer Hochschulen an, freiwillig die Arbeit der ins Feld gezogenen Schulmänner zu übernehmen. Unsere deutsche Schule ist eben eine ernste Sache, kein Sportplatz, und dafür sind die besten Lehrkräfte gerade gut genug. Man könnte sich das Gelächter vorstellen, wenn ein ähnlicher Vorschlag in England gemacht würde!!! Aber obwohl das Angebot in Deutschland durchaus ernst gemeint war, angenommen wurde es doch nicht, und warum nicht, weil bereits die in Ruhestand getretenen alten Oberlehrer sich sofort, als ihre jungen aktiven Kollegen abberufen wurden, zur unentgeltlichen Stellvertretung eingefunden hatten! Ja, das Evangelium der ernsten Arbeit ist in Deutschland noch lebendig!

Was hat denn überhaupt unsere deutsche Wissenschaft so allgemein anerkannt und weltbeherrschend gemacht, wenn nicht der feste Glaube an den Ernst der Sache, und daher die strenge Disziplin, bei der ganz wie im militärischen Dienst der einzelne freudig die ganze Persönlichkeit einsetzt und einfügt, ja auch unterordnet, mit lauterer, selbstloser Gesinnung im Aufblick zu den höchsten Zielen menschlicher Erkenntnis? Was hat anderseits unsere militärische Tüchtigkeit so gehoben, wenn nicht eben die deutsche Schule und aus ihr die deutsche Wissenschaft? Was sind die Zeppeline, was die 42 cm-Mörser u. a. m. anderes als Ergebnisse deutscher Wissenschaft in ihrer praktischen Verwendung? Zielbewußte, wohlgeschulte männliche Wehrhaftigkeit, deutsche Kriegskunst und zielbewußte, wohlgeschulte Forschung fließen aus ein und derselben Quelle, aus derselben ernsten Gesinnung. Solange die unfruchtbar und weltfremd scheinende deutsche Wissenschaft den Engländern nicht gefährlich für ihre Geschäfte schien, da war sie ihnen recht; darum wünschen sie ja auch, wir möchten wieder harmlose Philosophen und dichterische Träumer werden wie dereinst in Zeiten unserer politischen Ohnmacht. Aber da diese Philosophie sich nun in praktische Wirklichkeit umgesetzt hat, da wird ihnen vor ihren Ergebnissen bange! Und da wir uns endlich unserer Kraft bewußt geworden und nicht länger die Rolle des Poeten bei der Teilung der Erde spielen wollen, wenn auch durchaus nur in friedlichem Wettbewerb ehrlicher Arbeit, da erklären sie unsere Kraft für barbarische Bedrohung ihrer Zivilisation! Es ist der Mangel an eigenem Ernst in der Beurteilung der höheren Lebenswerte, außer dem Geldverdienen, der ihnen bange macht, ihr Verkennen der Bedeutung ernster Schulung und eiserner Disziplin, infolge deren sie zwar die deutsche Wissenschaft bewundern, ihren Ernst sich aber nicht zu eigen machen, weil sie zu schwach und bequem geworden sind, um in reiner Höhenluft zu atmen. Achtung vor der Pflichterfüllung im Größten wie im Kleinsten, Gewissenhaftigkeit jedes einzelnen auf dem ihm zugewiesenen Posten, und zwar nicht sklavische Unterwürfigkeit, sondern freie, selbstgewollte Einordnung in den Dienst der großen Sache, das ist deutsche Auffassung der Aufgaben und der Wertung des Lebens. Das ist auch die Vorbedingung jeder höheren Kultur, denn diese kann nur bestehen, wenn die Disziplin, d. h. die sittliche Ordnung in Sollen, Wollen und Können, zu Recht besteht. Wie beim Ausbruch des Krieges unsere alten Generale a. D. sich unbedenklich als Hauptleute zur Front meldeten, ebenso meldeten sich unsere alten Professoren und Oberlehrer zum aktiven Schuldienst, im Dienste dieser Disziplin. Das ist unser Militarismus, auf den wir stolz sind, mit dem wir siegen, und von dem daher England „im Namen der Zivilisation" die Menschheit befreien will!

IV.

Das Land ohne Nachbarn
oder
vom Egoismus und Lügen der Engländer.

Aus der Zuschrift eines angesehenen englischen Schriftstellers, der unvoreingenommen nach einer psychologischen Erklärung für die skrupellose Politik seiner Landsleute sucht, dürfte folgende Stelle für ernste Beurteiler von Interesse sein: „. . . Es läßt sich nicht halten, die Last allein den Drahtziehern mit ihren Schlagwörtern zuzuschieben. Die Hunderte literarischer Führer usw., die dem Proteste von Skandalmachern wie . . . zugestimmt haben, sind keine indolenten Ignoranten, die durch Schlagwörter mit fortgerissen werden. Die Verantwortlichkeit der Nation für die Handlungsweise ihrer Churchills, Greys usw. ist viel größer, als sich daraus erklären ließe. Es muß da ein inhärentes Laster britischen Charakters als solches im Spiele sein . . . . Während meiner ganzen amtlichen Tätigkeit hatte ich beständig gegen das Lügen der Blaubücher zu kämpfen . . . . Man kann getrost sagen, daß ein englisches Dienstmädchen glaubwürdiger als irgendein festländisches, ein englischer Schuljunge als irgendein anderer ist — und dennoch — dieses Schauspiel nationalen Lügens! Wie lassen sich diese Dinge zusammenreimen? Ich glaube, daß des Briten wirkliche, aber unbewußte Religion die Unverletzbarkeit seiner geheiligten und souveränen Person ist. Rührt man daran oder bedroht man diese, so verfolgt er einen mit einem Fanatismus, wie er nur religiöser Verfolgung eigen ist; in der Tat, es ist eine Ausströmung des vorherrschenden Egoismus, von dem Sie sprechen — dieser Egoismus macht die wirkliche, wenn auch unausgesprochene Religion dieser insularen Macht aus. Es muß demoralisierend sein, keine Nachbarn zu haben. Es ist ein unnatürlicher Zustand. Man sehe, wie wir uns gegen Tiere benehmen. Wenn diese ein fehlendes Glied (nämlich in der Kette zwischen Mensch und Tier) wären, ein Übergangswesen, in dem wir einen Nachbar zu erkennen hätten, den wir nicht ohne einen Mord zu begehen, töten könnten, wie sehr würde dies unsere Gefühle humanisieren! .... Andere Nationen werden im Zaume gehalten erstens durch den Interessenkampf im Innern, zweitens durch den außen an ihren Grenzen; die Engländer allein durch den ersteren. Dieser mag in seiner Art intensiver gewesen sein und auf diese Weise gewisse Charakterzüge höher entwickelt haben, die wesentlich britischen Tugenden. In den übrigen aber ist Britannien eine Null oder fast eine Null."

Diese Erklärung des englischen Egoismus und daraus der skrupellosen Politik, der Unehrlichkeit im internationalen Verkehr bei einem Volke, das an sich und unter sich die geringste Lüge verabscheut, scheint mir sehr beachtenswert. Den geradezu religiösen Fanatismus, mit dem jeder, der die „Unverletzbarkeit der geheiligten und souveränen Person" des Engländers in Frage stellt, verfolgt wird, braucht man als spezifisch englischen Charakterzug eigentlich kaum auf die Person, sondern nur auf die Nation zu beziehen, denn engherzige Egoisten gibt es unter allen Nationen, während selbst der als Einzelperson selbstloseste, für sich bescheidenste Engländer verblendet ist, sobald es sich um seine Nation handelt; da ist ihm eine Gleichstellung mit anderen Nationen einfach unfaßbar, wie eine Verdrehung der göttlichen Vorsehung; ebensowenig wie man es einem Tiere verübelt, daß es sich von Pflanzen nährt, ebensowenig verargt man es den Menschen, wenn sie sich von Tieren nähren, das ist doch alles natürlich, ist „göttliche Vorsehung"; zwischen Menschen und Tieren gibt es aber — ebenfalls nach der göttlichen Vorsehung für das „auserwählte Volk" — noch Neger, Indianer, Chinesen, Japaner, Malaien und all die verschiedenen "foreigners", die doch auch nur dazu geschaffen sind, den wirklichen Menschen, d. h. den Engländern, nützlich zu sein. Das ist doch wieder so natürlich! Die "foreigners" sehen dies doch auch in der Regel ein und bewundern die Engländer als Wesen höherer Gattung! Sie können sich ja auch bessern, können ja auch emporsteigen zu ganzer Menschenwürde, indem sie nämlich Engländer werden (d. h. sie selbst noch nicht, sondern erst ihre als Engländer geborenen Kinder). Freilich, diese unglückseligen Halbmenschen sehen das zuweilen nicht ein, und der Teufel verführt sie, an der göttlichen Weltordnung zu zweifeln; solange man das ignorieren kann, mag es gelten; der Engländer hat ja gar kein Interesse daran, wie und was die foreigners empfinden; man kann ja niemand zu seinem Glücke zwingen; jedoch wenn diese heillos Verblendeten gefährlich werden und das „Reich Gottes auf Erden" stören, dann muß man sie natürlich unschädlich machen, sei es mit Gewalt, sei es mit List. Kriechen sie aber zu Kreuze, ist alles verziehen, und es lacht ihnen ja das Höchste, was auf Erden zu erreichen ist, sie können, wenigstens allmählich, Engländer werden, und die in England angesiedelten Aspiranten zu dieser höchsten Würde kannten ja — bisher! — in der Regel kein höheres Glück als das, für wirkliche Engländer gehalten zu werden! Dergleichen kann doch die insulare Selbstzufriedenheit, wenn sie je an sich irre werden sollte, nur immer aufs neue befestigen. Hätten die Engländer an den Grenzen ihres Landes ringsum statt des Meeres Nachbarn, die sie in Friedenszeiten kennen lernen müßten, wie sie eben sind, nicht als zugezogene Ausländer, sondern im natürlichen Wechselverkehr von Mensch zu Mensch, wäre ihre Vorstellung von den Ausländern wohl eine andere, d. h. natürlichere. Jede Nation mag sich ja für die beste halten und die Nachbarn für andersartige Typen des Menschentums; aber ganz allein von allen Kulturvölkern kennen die Engländer nur sich selbst und betrachten alle anderen ausnahmslos als fremde, untergeordnete Lebewesen, denen gegenüber naturgemäß Moral von Mensch zu Mensch nicht gilt, ebensowenig wie gegenüber Tieren und Pflanzen.

Die Gefühllosigkeit und Hartherzigkeit gegen Tiere befremdet jeden, der Engländer, und zwar auch sonst feinfühlige Engländer, zu beobachten Gelegenheit hat. Daß die Tierquälerei in England — nach der Periode der Empfindsamkeit des 18. Jahrhunderts und unter dem Druck der Humanitätsbewegung und ihrer Vorkämpfer wie Coleridge, Wordsworth u. a. — früher (1822) gesetzlich verfolgt worden als in Deutschland (1838), beweist vielleicht nur, daß dies dort eben viel nötiger war, und wenn dergleichen einmal gesetzlich festgelegt ist, schämt man sich, es wieder rückgängig zu machen. Wie dem aber auch immer sei, selbst wenn die Völker des Kontinentes ebenso oder selbst in noch stärkerem Grade gegen Tiere hartherzig wären, also aus ihrem Verhältnis zu den Tieren keinerlei Beschränkung ihres natürlichen

Egoismus gewännen, so haben sie doch alle Menschen als Nachbarn, auf die sie als Nation irgendwie Rücksicht nehmen müssen, wodurch also ihr nationaler Egoismus sich nicht uneingeschränkt entwickeln kann. Es scheint danach doch die insulare Abgeschlossenheit der Engländer, das Fürsichsein, ein wesentlicher Grund zu sein, für den nationalen Egoismus und die skrupellose Rücksichtslosigkeit, die als Kriegslist auch vor keiner Lüge zurückscheut. So wie der englische Elefantenhändler in Indien die Elefantenmutter von ihrem Jungen nicht trennen kann ohne zur List zu greifen, also z. B. beide zusammen auf nebeneinanderliegende Flöße bringt und mitten im Wasser die beiden voneinander entfernt und für die Jammerlaute der Betrogenen nur ein belustigtes Lachen hat — es sind ja doch nur Tiere, keine Menschen! —, ebenso belügt und betrügt der englische Politiker ohne Gewissensbedenken der Reihe nach alle anderen Nationen, wie, wann, wo es ihm im Interesse der Menschheit katexochen, d. h. natürlich nur der Engländer, nützlich erscheint, denn alle anderen sind ja doch nur "foreigners!"

Nun muß man sich doch sagen, daß eine solche geradezu stupide Auffassung vom Ausländertum und von zweierlei Moral, die so zwischen Landsleuten und anderen Wesen unterscheidet, bei denkenden Menschen kaum zu erklären wäre. Man muß hierbei aber vor allem die Dickköpfigkeit oder den Starrsinn, mit dem einmal eingewurzelte Vorstellungen sich zähe behaupten, in Anschlag bringen, der, wenn auch in anderer Weise, den niedersächsischen Stämmen überhaupt eigen ist. Man erinnere sich an die wortkargen, unerschütterlich eigenwilligen Gestalten, wie sie uns Gustav Frenssen so überzeugend gezeichnet hat. Dazu kommt beim Engländer der erwähnte Egoismus hinzu, der mit dem nüchternen Blicke für das praktisch Erreichbare auch seine Kompromisse schließt. Er und der feste Grund und Boden, auf dem er aufgewachsen ist, ist die Hauptsache: alles andere muß sich diesem Interesse irgendwie fügen; geht es nicht so, dann muß es eben anders gehen; einzelne weitsichtigere und feinfühligere Individuen mögen ja ihre Bedenken haben und auch äußern, aber das Ganze muß in dem "land of compromise", wie es Price Collier nennt, erhalten bleiben. Oberster Zweck ist die Selbstbehauptung, und da diese in ihren Augen auch der höchste sittliche Zweck der Menschheit, d. h. des Engländertums, ist, müssen gelegentliche zarte Gewissensregungen rücksichtslos unterdrückt werden. Wir verschließen ja auch Augen und Ohren, wenn wir das nach der Mutter schreiende Kalb zur Schlachtbank geführt sehen, denn der hiebei oberste Zweck geht vor, wir wollen doch Kalbsbraten essen! Und wenn ein unschuldiges Kind dergleichen sieht, ist es nicht so einfach, ihm die Sache wahrheitsgemäß zu erklären, ohne sein sittliches Empfinden zu gefährden, auch wenn es in der Religionsstunde gelernt hat, daß die Tiere der Menschen wegen geschaffen sind! u. dgl. m. Ebenso ist es nicht immer leicht, andere zu der Ansicht des „auserwählten Volkes Gottes auf Erden" zu belehren, daß die ganze Welt seinetwegen geschaffen sei, da muß man auch zu mancher Notlüge greifen! Hierin liegt der Grund für den Gegensatz zwischen privater Wahrheitsliebe und öffentlicher Verlogenheit der Engländer.

Man beachte ferner, daß für die Engländer auch die Politik eine Art dialektischer Sport ist, und diese uns frivol erscheinende Spielerei konnte dies in England gerade deshalb solange ungestraft bleiben, weil die Engländer ihre politischen Verwicklungen und ihre Kriege auf unserem und anderen Festländern, wo es ihnen selbst noch nicht ans Leder gegangen ist, meist im Vollgefühle ihrer Sicherheit von ihrer Insel aus betrachten konnten; ihre Krieger sind teils Söldnertruppen, teils Leute, die auch den Krieg als eine Art Sport ansehen. So geht ihnen die ganze Sache in der Regel nicht so nahe, daß sie den bitteren, blutigen Ernst und die sittliche Verantwortlichkeit dafür empfinden; ihre Politik und ihr Parteiwesen ist alles mehr wie ein Hahnenkampf, bei dem sich die gegnerischen Führer zwar die schlimmsten Dinge sagen, die sie im Ernste gar nicht meinen, gewissermaßen des Sportes wegen. Daher ist ein Übertreten von der einen zur anderen Partei auch gar nichts Auffälliges, vor allem nichts, was dem einzelnen persönlich oder gesellschaftlich übel genommen werden kann. Mit ungebundener Sportfreude schlägt der Überläufer in der parlamentarischen Polemik auf seine ehemaligen Parteigenossen los und wirft ihnen die unziemlichsten Dinge an den Kopf — um nachher mit ihnen in aller Freundschaft zu dinieren, ähnlich wie zwei gegnerische Anwälte, die darob auch keine Feindschaft hegen! Unsere Truppen waren höchst erstaunt, wenn sie englische Gefangene machten, daß diese alsbald mit ihnen "shake hands" wollten, als ob es sich um einen harmlosen Wettkampf handelte, der nun gemütlich zu Ende sei! Man beachte, in welcher dem Ernste der Sache doch gar nicht würdigen Weise englische Politiker und Schriftsteller sich heute über die kritische Lage äußern. Sie sind noch viel zu wenig an den Ernst des Völkerkampfes gewöhnt und meinten auch vom gegenwärtigen Kriege, daß es sich eben um eine neue Art des Sportes handele, statt Niggers, Buren, Derwische, Inder zur Abwechslung einmal lästige Deutsche abzuschießen! Sie haben noch viel zu wenig ernstlich über das ganze Problem ihrer Stellung unter der übrigen Menschheit nachgedacht, die sie eben als eine selbstverständliche, gegebene anzunehmen gewöhnt sind. Es entschuldigt diese Auffassung der Dinge zwar die uns empörende Verlogenheit der englischen Politik und Kriegführung nicht, aber sie lehrt sie vielleicht eher begreifen. Wird aus dem anfänglichen Sport aber unvermutet wirklicher Ernst, dann wird aus dem Spiele mit dem Feuer skrupellose Brutalität.

Stehen dem Engländer in seiner politischen oder wirtschaftlichen Argumentation irgendwelche sittliche Einwände gegenüber, so müssen diese eben mit allen erdenkbaren Listen und Kniffen und Gründen, an die er selbst nicht glaubt, entkräftet werden, selbst mit den verlogensten Advokatenkunststückchen; denn Widerlegung des Gegners um jeden Preis ist die einzige Aufgabe, und für ihn ist die Selbstbehauptung, auch auf eine Weise, die im Privatleben jeder verabscheuen würde, im politisch-wirtschaftlichen Leben die sittlich unbedenkliche, selbstverständliche Pflicht. Darin liegt die spezifisch englische Heuchelei und Perfidie, für die den Festlandsbewohnern das Verständnis fehlt. Daraus hat das nachbarlose Inselvolk einen nationalen Egoismus entwickelt, dem es zwar zunächst seine politisch-wirtschaftliche Macht verdankt, und vorläufig auch noch düpierte oder erzwungene Bundesgenossen und Vasallen, der aber mit der Zeit wohl die berechtigte Feindschaft der ganzen übrigen Welt zur Strafe nach sich ziehen dürfte.

Psychologisch mag daran erinnert werden, daß erfahrungsgemäß auch die von Hause aus bestgearteten einzigen Kinder, die keine Geschwister (oder ständige, gleichstehende Gespielen) haben, stets in größter Gefahr sind, Egoisten zu werden; es ist ein Unglück, geradeso wie für die insularen Engländer die für ein Kulturvolk einzigartige Lage, keine Nachbarn zu haben!

V.

Wer waren die Schuldigen in England?

The infernal Serpent; he it was whose guile,
Stirred up with envy and revenge, deceived
The mother of mankind . . .
(Die höllische Schlange; sie war's deren List,
Erregt durch Neid und Rachsucht, hinterging
Der Menschheit Mutter . . .
Milton, Verlorenes Paradies 1, 34 ff.)

Es ist eine höchst mißliche Sache, heute in Deutschland darüber zu einem billigen Urteil zu kommen, wie sich das englische Volk und seine Intelligenz seit Ausbruch des Weltkrieges zu diesem gestellt hat. Weder sind wir hier darüber zuverlässig unterrichtet, noch sind die Engländer über das, was seither wirklich vorgegangen, wahrheitsgetreu aufgeklärt worden.

Wir sind nicht zuverlässig unterrichtet, erstens, weil die englische Presse grundsätzlich nur Stimmung machen, durchaus nicht wahrheitsgetreu berichten will, zweitens, weil wir überhaupt nur hie und da, durch Zufall und Gelegenheit heutige englische Blätter in die Hand bekommen und noch viel seltener private Mitteilungen erhalten können. Daher erfahren wir z. B. einmal, daß Männer wie J. K. Jerome oder Bernard Shaw sich gegen uns, ein andermal, daß sie sich für uns erklären u. a. m. — wie sie und andere sich aber wirklich in dieser dunkeln Periode englischer Kulturgeschichte benommen haben, das werden wir zuverlässig, wenn überhaupt jemals, gewiß erst geraume Zeit nach diesem Kriege feststellen können. Und ebensowenig wie wir über dergleichen jetzt klar unterrichtet sein können, ist es den außerhalb der Regierungskreise stehenden Engländern in England möglich, selbst wenn sie es wünschten, klaren Wein eingeschenkt zu bekommen. Deutsche, die in den ersten Monaten des Krieges in England zurückgehalten worden waren, fühlten sich wie von einem Alp befreit, als sie endlich in der Heimat es bestätigt sahen, daß all die unglaublichen Vorgänge und Schandtaten, die man über uns verbreitet hatte, erlogen waren; sie waren schon selbst in Gefahr, an ihrem Volke irre zu werden. Also ist es gar nicht erstaunlich, wenn auch sonst wohlmeinende Engländer, denen man auf skrupelloseste Art die Wahrheit vorenthält, kopfscheu werden und Entrüstungsprotesten zustimmen. All das beweist gar nichts für oder gegen das englische Volk, sondern nur immer wieder die Verlogenheit der englischen Presse, und welche Bedeutung und Wichtigkeit der Presse überhaupt zukommt, eine Erkenntnis, die uns in Deutschland leider viel zu spät aufgegangen ist! Die brutale Kriegführung und Behandlung unserer Landsleute in England ist an sich schlimm genug, um unsererseits die grimmigste Vergeltung geradezu zur Pflicht zu machen; wir brauchen uns gar nicht erst unnötig darüber zu ereifern, daß englische Privatleute jetzt nicht öffentlich hervortreten und der Wahrheit zu ihrem Rechte verhelfen, der Wahrheit, die ihnen meist selbst gar nicht bekannt sein kann! Wir wissen doch z. B., daß die hier durchkommenden Gefangenen und Verwundeten, die uns zu ihrem Schaden schon besser kennen gelernt haben als die Pariser und Londoner Pflastertreter, noch hier ihren Augen kaum trauten, als sie sahen, daß unser herrlicher Dom kein Trümmerhaufen sei, wie ihre Zeitungen schrieben! Den ganzen

Umfang der geschickten Irreführung der französischen, englischen, belgischen Bevölkerung, dieses satanische Meisterstück des Lügensystems als Großmacht wird man ja auch erst nach dem Kriege klar erkennen, unwiderleglich festnageln und geschichtlich darstellen können. Wer also die Ursachen dieses großen Krieges ergründen will, sollte die augenblickliche Haltung des englischen Volkes und seiner Intelligenz während des Krieges nicht zum Maßstab seiner Beurteilung nehmen; wir können billigerweise nur fragen: was oder wer war daran schuld, daß es zum Kriege gekommen ist? Darüber ist nun schon viel geschrieben worden, aber wie eine Besprechung des gleich zu nennenden Buches von Spies in der Kölnischen Zeitung (vom 20. Dezember 1914 Nr. 1377) mit den Worten eingeleitet wird: „Es kann nicht genug Mühe aufgewandt werden, um die Quellen aufzudecken, aus denen der zum reißenden Strome angeschwollene Haß des englischen Volkes gegen Deutschland entsprungen ist", so ist die geschichtliche Seite der Frage überhaupt die einzige, die heute diskutierbar ist; im übrigen gelten heute nur kräftige Hiebe und keinerlei Sentimentalitäten; nach dem Kriege wollen wir abrechnen.

Ich selbst habe in einer Anzahl von Aufsätzen in der Kölnischen Zeitung (vom 13. und 15. September, 26. Oktober, 16. Dezember 1914 Nrn. 1021, 1027, 1174, 1363) dieses geschichtliche Problem zu fassen gesucht und muß gestehen, daß mich die zahlreichen jüngst erschienenen Schriften, wie die von Felix Salomon (Wie England unser Feind wurde. Leipzig. K. F. Köhler 1914), von Heinrich Spies (Deutschlands Feind England und die Vorgeschichte des Weltkriegs. Berlin. C. Heymann 1915), von Germanus (Britannien und der Krieg. Heidelberg. C. Winter 1914) u. a. m. in meiner Auffassung nur bestärkt haben, daß nämlich Eduard VII. der Hauptschuldige war und daß wir uns zwar über das Maß der politischen Unwissenheit und der heimlichen Abmachungen der englischen Regierung täuschen konnten, nicht aber über die zunehmend unfreundliche Gesinnung uns gegenüber von seiten des offen seine Vorliebe für Frankreich, ja Rußland zur Schau tragenden englischen Volkes, gebildeten Mittelstandes, Gelehrten-, Kaufmanns- usw. standes.

Die oben genannte und in der Kölnischen Zeitung schon mit verdienter Anerkennung besprochene Arbeit von Professor Spies in Greifswald bringt ein sehr wertvolles Quellenmaterial zur Beurteilung der Stimmung in England vor dem Kriege, und gerade weil sie dadurch von dauerndem Wert ist, scheint es mir nötig, ein paar Einzelheiten zu erwähnen, die leicht zu Mißverständnissen führen könnten. Spies bestreitet, daß die Demoralisierung usw. Englands erst mit Eduard VII. beginne, und er hätte gewiß recht, wenn es sich dabei nur um die Regierungszeit Eduards, d. h. also die Jahre 1901—1910 handelte; davon kann natürlich nicht die Rede sein. Eduard war 1841 geboren, sein deutscher Vater, der „ungekrönte König" und Prinzgemahl Albert starb aber leider schon 1861; er hatte seinen vielversprechenden Sprößling, wenn es nötig war, väterlich gehörig verwichst, aber diese heilsame Erziehung kam dem jungen Thronerben leider nicht weiter zugute, als er es gerade am nötigsten gehabt hätte! Von 1861 an hatte letzterer also freie Bahn zur Entfaltung seiner dem englischen wie deutschen Empfinden schroff entgegengesetzten Denkungsart, und die Lebensweise des langjährigen Prinzen von Wales und seine Einwirkung auf die öffentliche und private Moral Englands ist zu bekannt, um hier näherer Beleuchtung zu bedürfen; man sprach ja noch in der Jubiläumszeit der Königin Viktoria offen davon, daß der Mann unmöglich König werden könne. Die lange Regierungszeit seiner Mutter besserte aber seine Aussichten; man dachte allmählich, der ausschweifende Prinz werde nun alt und daher zahm, und so könne er nicht mehr viel Schaden stiften. Er hatte aber schon unsäglichen Schaden gestiftet; denn darum handelte es sich, das muß mit allem Nachdruck betont werden: England stand auf dem Scheidewege zwischen zwei weitauseinanderführenden Weltanschauungen, der germanischen und der französischen; die erstere, die altpuritanische Tradition, die England groß gemacht hatte, bedeutete Frömmigkeit, Arbeit, Gesundheit und Kraft, die andere Frivolität, Rentnerbehagen, Vergnügungssucht und Schwäche. Das englische Volk hatte die seltene Gelegenheit, auf eine Frage von allerhöchster menschheitsgeschichtlicher Bedeutung, nämlich: ob eine auf wirklicher Religiosität gegründete Berufsidee einem Volke tatsächlich sittliche Gesundheit und wirtschaftlichen Erfolg verschaffe, die Antwort zu geben; und diese weltgeschichtliche Frage hatte die Geschichte des englischen Volkes der letzten drei Jahrhunderte bejaht. Nun handelte es sich um nichts Geringeres als um Weiterblühen oder aber um Verfall, um Frömmigkeit, Arbeit und Kraft oder um das Gegenteil, und diese Frage hat Eduard als lustiger Prinz von Wales nach dem Grundsatze après nous le déluge! beantwortet. „Das ist englische Parteiauffassung", meint Spies (S. 94, Anm. 4), aber diese „Partei" war nicht etwa eine politische, sondern bestand eben aus all den ernsten, besonnenen, anständigen Engländern, die die immer bedenklicher um sich greifende Entnervung und Erschlaffung des englischen Lebens mit banger Sorge erfüllte! Professor Spies legt besonderes Gewicht darauf, daß der Niedergang Englands und die Feindschaft gegen Deutschland schon lange vor der Regierungszeit Eduards eingesetzt habe; das läßt sich aber doch nur von ersterem, nicht von letzterer in gleicher Weise sagen. England erweist die Ehre seiner Feindschaft immer nur jener Nation, die ihr gerade störend und lästig ist; Freundschaft, wirkliche, ehrliche Freundschaft hatte es nie für irgendeine andere Nation, nur jeweils wie es ihm gerade nützlich erschien, „politische Freundschaft", d. h. im Falle Englands erheuchelte Interessengemeinschaft, um dadurch das jeweilige Opfer für seine Zwecke zu benutzen, wie jetzt Belgien, Frankreich, Rußland. In Wahrheit sind für England alle anderen Nationen ganz gleichgültig, und nur je nachdem sie nützen oder schaden können, vorhanden. Deutschland kam für England überhaupt vor 1870 nicht ernstlich in Betracht, und wenn doch, so genoß der arme festländische zurückgebliebene Vetter jedenfalls noch eine Art geringschätziger Duldung; bei aller ausgesprochenen Verschiedenheit war das deutsche Wesen dem englischen doch seit jeher und ununterbrochen näherliegend und auch bis zu einem gewissen Grade sympathisch, was man vom französischen Wesen niemals sagen konnte, und die heutige „Freundschaft" ist ja englischerseits die perfideste Komödie, die Franzosen und Belgier zu ihrem Schaden zu spät durchschauen. Wer die typischen Durchschnittsengländer zum Beispiel bei der Franco-British Exhibition 1908 oder heute das Benehmen der gefangenen Engländer gegen die Franzosen beobachtet hat, weiß, was von dieser „Freundschaft" zu halten ist! Nach dem durch die ganze neuere englische Auslandspolitik nachweisbaren Prinzip, mit keiner anderen Nation sich ehrlich zu verbinden, sondern jeweils die störendste mit Hilfe der anderen zu bekriegen, sind wir nun an die Reihe gekommen, sobald wir als mächtige Nation störend in Betracht kamen. Es wäre aber dieser weltgeschichtlich entscheidende Bruch nicht von so ungeheurer Bedeutung und unübersehbarer Tragweite, wenn Deutschland in seinem Verhältnisse zu England eben auch nichts anderes wäre als eine der übrigen Nationen, die England der Reihe nach unschädlich machte. Bei diesen letzteren konnte man sagen: „Pack schlägt sich, Pack verträgt sich." Bei Deutschland ist England aber endlich einmal an den Unrechten gekommen! Darum gibt es hier keine einfache Beilegung des Streites, sondern nur ein „entweder Deutschland oder England"! *). Gerade weil es sich hier nicht wie sonst um einen der immer wiederkehrenden Kämpfe handelt, wie sie England mit Frankreich seit jeher gewohnt ist, ist die Auseinandersetzung mit uns eine so furchtbare. Gerade weil das Verhältnis der Engländer als Volk zum deutschen Volke ein ganz anderes war, genügte für den Bruch nicht das politische Prinzip, den jeweils Störendsten unschädlich zu machen; dazu mußte der moralische Bruch, der Bruch mit der alten puritanischen Kulturmission Englands zu Hilfe kommen. Diesen hat Eduard VII. zuwege gebracht, und zwar nicht erst als gekrönter König, sondern schon lange vorher eingeleitet. Man lese die fesselnden Ausführungen in der erwähnten Schrift von „Germanus", um die ganze Tragik zu ermessen, die der jämmerliche Bruch Englands mit seiner sittlich-kulturellen Tradition für die Zukunft des Menschengeschlechtes bedeutet! Der Menschheit Würde war in Englands Hand gegeben — es hat sie nicht bewahrt. Damit ist eine Hoffnung vernichtet, die in absehbarer Zeit nichts wieder gut machen kann. Die Menschheit und vor allem wir Deutsche haben Unersetzliches verloren, dadurch, daß diese alte Kulturwelt kopfüber

*) Vortrefflich kommt diese Auffassung zum Ausdruck in einem Flugblatte „Der Feind" von Leonore Nießen-Deiters, jetzt auch abgedruckt in Heft 8 der „Deutschen Kriegsschriften", Kriegsbriefe einer Frau von L. Nießen-Deiters.

ihren Untergang beschleunigt hat! Auch wenn, ohne daß uns ein Haar gekrümmt worden, England durch ein Elementarereignis im Meere verschwunden wäre, es wäre für uns und unsere Kultur ein unermeßlicher Verlust gewesen. Wie viel trauriger, daß wir nun genötigt sind, um uns selbst zu retten, dieses furchtbare Vernichtungswerk als Strafgericht zu verrichten! Es hätte nicht sein müssen! Die Politik, auch Englands Auslandspolitik, ist niemals ein glattes Rechenexempel. Es ist kein Axiom, daß England, um selbst zu bestehen, der Reihe nach alle anderen beiseite schieben müsse. England ist ja das „Land der Kompromisse"; es hätte ohne sentimentale „Freundschaft", doch in verständiger Übereinkunft mit Deutschland sich in die Herrschaft der Welt teilen können, in die es sich nun in Zukunft wohl mit gar vielen anderen, und zwar in sehr gemischter, buntscheckiger Gesellschaft wird teilen müssen! Es hätte im Bunde mit Deutschland wirklich der ganzen Welt die Kultur diktieren können, das „Reich Gottes auf Erden" — wenn es diesem Reiche Gottes, wenn es dem Evangelium der Arbeit nicht selbst untreu geworden wäre! Darin liegt die Schuld, und alle Schuld rächt sich auf Erden!

Daß die Erfolge Deutschlands und, gestehen wir es ruhig ein, auch das gesteigerte Selbstbewußtsein der Deutschen im Verkehr mit dem Ausland, Empfindlichkeiten hervorriefen, daß der "inevitable German" dem englischen Stolz, gerade weil der Ärger über eigene Rückständigkeit dazu kam, doppelt peinlich war, das ist doch menschlich begreiflich. Aber daraus wäre noch kein Krieg entstanden, wenn man zu dieser erklärlichen Abneigung nicht zugleich den Schein unberechtigter Bedrohung englischer Lebensinteressen hinzugefügt hätte. Mit den Schlagwörtern "cheap and nasty", „billig und schlecht", "made in Germany" sollte das erfolgreiche Deutsche als betrügerisch, minderwertig dem „guten, alten Englischen" gegenübergestellt werden. Man fand daher für den nationalen Egoismus einen moralischen Vorwand, man fand für die Trägheit und Arbeitsscheu den Vorwand unlauteren Wettbewerbs seitens des Konkurrenten. Also Einschläfern des unbequemen Gewissens, um dem noch unbequemeren Deutschen die Anerkennung seiner Gewissenhaftigkeit vorzuenthalten! So hat Eduard VII. schon als Prinz von Wales öffentlich die altpuritanische Kultur des englischen Volkes langsam und sicher untergraben und als König die politische Verschwörung mit Frankreich und Belgien heimlich durchgesetzt. Eine Wandlung der Gesinnung des Volkes war dazu nötig, denn politische Perfidie war immer vorhanden gewesen, und weder hätte einerseits die oft gerügte Heuchelei im öffentlichen Leben so plump in Erscheinung treten, noch andererseits die wirklich sittlichen Kulturwerte des Engländertums die Herzen aller Welt erobern können, wenn der Kern des Volkes nicht gesund und echt gewesen wäre. Darin hat Eduard, und zwar nicht allein in den unteren Volksschichten, sondern gerade in den höheren und gebildeteren für Abwechslung gesorgt! Daher die schrittweise und planmäßig vorgehende antideutsche Stimmungsmache, die Spies so lehrreich nachweist, in Veranstaltung von Ausstellungen, Kongressen u. dgl. m. In jedem Volke wie in jedem Menschen, auch dem kulturell höchststehenden, liegen die Keime für Gut und Böse nebeneinander und harren der Erweckung. „Wer an das Gemeine appelliert, hat bald sein Publikum", und so konnte die niedrige Wühlarbeit und Hetze gegen den friedlichen deutschen Vetter nur zu leicht Erfolg haben. „In der nervösen Unruhe eines bösen Gewissens traute man ihm nicht" (Germanus, S. 59). Aber das war nicht immer so, geschweige denn „seit Jahrhunderten“! Professor Spies schildert im Eingang seines Buches, wie er 1898 das erste Mal nach England gekommen und alsbald die antideutsche Stimmung dort empfunden habe. Das ist sehr begreiflich im Jahre 1898! Aber wer, wie z. B. ich, 18 Jahre früher, 1880 das erste Mal und seither unzählige Male, England besucht und mit Engländern in zunehmend vertrauteren Beziehungen gestanden hat, wird den charakteristischen Unterschied der Stimmung zu Anfang der achtziger von der zu Ende der neunziger Jahre an sich erfahren haben. 34 Jahre aufmerksamer Beobachtung der gesellschaftlichen Zustände eines Volkes sind doch immerhin geeignet, ethische und kulturelle Wandlungen, wie sie sich im täglichen Leben zeigen, erkennen zu lassen. Ich weiß, wie ich als junges deutsches Doktorchen, ohne Anspruch auf besondere Beachtung, im Jahre 1880 in England überall herzliche und rückhaltlose Aufnahme fand und mich wie zu Hause fühlte, und wie ich während meines letzten Besuches in England, bei aller peinlich beobachteten Höflichkeit, die man mir erzeigte, die schmerzliche Empfindung hatte: nur schnell die noch zu erledigende Arbeit beendigen, um dies Land meiner verlorenen Liebe nie wieder zu betreten! Wo war die alte englische Vornehmheit hingekommen?! Es war mir angesichts dieser herabgekommenen einstigen Herrlichkeit zu weh im Gemüte, und intime alte englische Freunde haben mein Empfinden geteilt. Sie beklage ich noch mehr wie mein eigenes Leid, denn sie haben die Schmach ihres Landes mitzutragen! Die Schuldigen in England waren die aus dem alten englischen Geleise — nicht dem der stets perfiden Politik, sondern dem der puritanischen Weltanschauung — Geratenen, von Gott Abgefallenen, und der Hauptschuldige der heillose Fürst, an dessen Namen die Geschichte den Untergang der englischen Größe knüpfen wird.

VI.

Zur Frage der Religiosität der Engländer.

Anläßlich eines Vortrages „Über die Religion der Engländer", den ich kürzlich hier gehalten (siehe den Bericht darüber in Nr. 184 der Kölnischen Zeitung und den darauf beruhenden etwas ausführlicheren Auszug aus dem Vortrage, der hier zum Schlusse als Anhang abgedruckt ist), sind von hier und von auswärts so viele Anfragen und Meinungsäußerungen an mich ergangen, daß daraus wohl auf ein besonderes, jetzt leicht erklärliches weiteres Interesse zu schließen ist. Es dürfte sich daher wohl rechtfertigen, wenigstens auf einen Hauptpunkt nochmals näher einzugehen, der durch die für unser deutsches Empfinden empörende Art der Kriegführung Englands in den Vordergrund gerückt ist, nämlich auf den seit lange bekannten und heute besonders lebhaft betonten Vorwurf der Heuchelei, des schreienden Widerspruchs zwischen frommem Gehaben und ruchlosem, skrupellosem, verlogenem Handeln. Es ist dies ein psychologisches Problem von außerordentlicher Schwierigkeit, das sich nicht einfach mit ja oder nein beantworten läßt; die Lösung scheint mir aber vor allem in der Richtung zu liegen, daß man sich die Art der sogenannten „Heuchelei" der Engländer vergegenwärtigt, ich sage der „sogenannten Heuchelei", weil man unter Heuchelei eigentlich sonst doch das Vorspiegeln einer Absicht oder Gesinnung versteht, die man in Wirklichkeit nicht hat. Ich möchte nämlich bestreiten, daß darin der uns empörende Widerspruch zwischen öffentlich zur Schau getragener Gesinnung und wirklicher Handlungsweise der Engländer liegt, denn solch ein Widerspruch wäre ja viel zu plump, um auf erfolgreiche, beabsichtigte Täuschung Aussicht zu haben. Vielmehr sollte man von einer ganz einzigartigen Verblendung der Engländer reden, einem geschichtlich nachweisbaren Wahn, daß sie allein „das auserwählte Volk Gottes“ seien, für das alle anderen Nationen nur Lebewesen untergeordneter Art sind, denen gegenüber eine wesentlich verschiedene Moral gilt als gegenüber den Menschen, d. h. den einzigen wirklich in Betracht kommenden Menschen, nämlich den Engländern. Da nach englischer Vorstellung die Aufgabe der Menschheit darin besteht, das Reich Gottes auf Erden aufzurichten, für dieses aber nur die Engländer — im weitesten Sinne, d. h. alle die der englischen Kulturgemeinschaft sich anschließenden Lebewesen, d. h. die einzigen wirklichen Menschen — in Betracht kommen, so ist es nur die logische Folge, daß in Hinblick auf den höchsten Zweck, nämlich dieses spezifisch-englische „Reich Gottes auf Erden“, alle sonstigen Rücksichten, die im privaten Leben der Menschen untereinander Geltung haben, unbedenklich beiseite zu schieben sind. Jede noch so perfide List und Grausamkeit muß, wenn dieser höchste Zweck es erheischt, zur Anwendung kommen, genau so wie wir, wenn es sich um einen Interessengegensatz oder Kampf zwischen Mensch und Tier handelt, es selbstverständlich finden, daß das Tier geopfert wird, nötigenfalls auch mit List und Grausamkeit, wenn es eben anders nicht möglich ist. Dies klingt grotesk, aber ist deswegen leider doch nicht weniger wahr. Daß man, d. h. alle anderen Nationen der Welt, sich über diese Sachlage jetzt auf einmal so verwundert, das ist das Erstaunliche!

Man hat sich eben leider von der ungeheuerlichen Verblendung der Engländer bisher meist keine klare Vorstellung gemacht. Wer zu beobachten Gelegenheit und Aufmerksamkeit hatte, konnte sich darüber schon lange nicht mehr täuschen. Ob der einzelne Engländer sich dieser Verblendung in ihrer ganzen Tragweite bewußt ist oder nicht, jedenfalls ist ihm die Empfindung so von Kindesbeinen an in Fleisch und Blut übergegangen, seine Nation bilde eine außerhalb jedes Vergleiches mit anderen stehende Gattung, daß Vernunftgründe da nicht mehr verfangen. Die Engländer machen aus dieser ihrer Gesinnung auch nie und nirgend ein Geheimnis, sie täuschen sie anderen also auch nicht vor, sondern sie stehen bewußt oder unbewußt unter dem Banne dieser Verblendung. Das ist also nicht Heuchelei! Und was von den Engländern gilt, gilt ähnlich von den Anglo-Amerikanern. Sie beten um Frieden, schicken aber nichtsdestoweniger Kriegsmaterial zur Kriegführung an jene, denen sie allein den Sieg wünschen. Natürlich dienen sie dabei auch ihrem Geschäftsinteresse, aber das moralische Mäntelchen, das sie darüber breiten, ist nicht durchwegs erheuchelt, sondern, dank der systematischen Irreführung durch die Lügenpresse, ihre wirkliche Überzeugung, denn sonst könnten unzweifelhaft lautere Persönlichkeiten, denen jede selbstsüchtige und niedrige Gesinnung ferne liegt, wie z. B. Carnegie oder Präsident Eliot u. a. m., nicht ähnlich verblendet sein! Der Friede kann und darf nach dem Willen Gottes doch nur durch den Sieg des einzig auserwählten Volkes Gottes, d. h. der Engländer, und ihrer Dependenzen gewonnen werden; je mehr sie daher dafür Hilfsmittel liefern, desto mehr glauben sie in ihrer heillosen Verblendung Gott zu dienen! Wo ist da die sogenannte Heuchelei, wo ein Widerspruch zwischen ihrer Religion und ihrer Handlungsweise? Daß wir anderen uns eine solch ungeheuerliche

Verblendung und Monopolisierung der Gottheit nicht vorstellen können, und wenn sie direkt ausgesprochen würde, mit Entrüstung zurückwiesen, ist natürlich; deshalb suchen ja zuweilen sowohl Engländer als Anglo-Amerikaner sich herauszureden; denn da sie völkerrechtlich vor der übrigen Welt doch gewissermaßen genötigt sind, auch diese als von „Menschen" bewohnt zu betrachten, zumal da sie ja abwechselnd bald die eine, bald die andere fremde Nation für ihre Zwecke brauchen und gegeneinander ausspielen, müssen sie gegebenen Falles im Hinblick auf den genannten höchsten Zweck des Reiches Gottes auf Erden auch Kompromisse schließen. So verherrlichen sie jetzt die von ihnen sonst verachteten Franzosen, Russen, Serben usw., und in dieser Hinsicht sind sie, wenn's nötig ist, auch Heuchler; sie übertölpeln sie mit plumpen Schmeicheleien, auf die 'reinzufallen freilich nur das Mißgeschick in anderer Hinsicht Verblendeter ist. Aber auch diese ihre bedauernswerten Bundesgenossen haben längst empfunden, daß das richtige Heucheln dem Engländer nicht gegeben ist und seine jede Gleichstellung brutal abweisende Herrenmoral im Ernstfalle sofort zum Vorschein kommt.

Das ist es ja, was unseren Kampf mit England so furchtbar macht. Wir sind die ersten und einzigen, die es wagen, unnachgiebig bis zum bitteren Ende mit ihnen auf Gleich und Gleich, Mensch gegen Mensch, um Sein oder Nichtsein zu kämpfen. Um die Engländer im Interesse der Menschheit — wie letzten Endes auch in ihrem eigenen Interesse — von ihrer wahnsinnigen Verblendung zu heilen, dazu müssen wir sie als „auserwähltes Volk" vernichten; danach erst wird es für sie möglich sein, aus ihrem Traum zu erwachen und einzusehen, daß auch sie nur Menschen unter Menschen sind, die der Menschheit zwar vieles Große geschenkt, aber noch viel Größeres zu danken

5*

und noch viel mehr abzubitten haben! Möge ihnen dazu der Gott aller Menschen helfen!

Um aber zum Schluß zur Frage der Religiosität der Engländer zurückzukehren, taucht vor allem das Bedenken auf, ob eine solche Frömmigkeit, die in der Stellung des Volkes zur übrigen Menschheit so haarsträubende Scheußlichkeiten nicht nur zuläßt, sondern geradezu veranlaßt, für uns etwa vorbildlich sein könne? Gewiß nicht in ihrer geschilderten pathologischen Entartung; wohl aber, zwar nicht unmittelbar übertragbar, jedoch höchst beachtenswert in ihrer geschichtlichen Entwicklung innerhalb des Kulturlebens ihrer eigenen Nation. Diese beiden Äußerungen des religiösen Lebens sind grundsätzlich voneinander zu scheiden. Die insulare Sonderstellung dieses „Volkes ohne Nachbarn" hat es schon frühzeitig isoliert und seinen nationalen Egoismus derart vertieft, daß die ganze übrige Welt für England nur Interesse hat, soweit sie ihm nützen oder schaden kann. Die politischen Erfolge der letzten 300 Jahre, vor allem der Sieg des frommen Englands über das sündige Spanien und Frankreich, hat diesen nationalen Egoismus auf eine höhere Stufe, die des Bewußtseins der moralischen Überlegenheit gehoben; daher der Wahn vom auserwählten Volke Gottes und seinem Reiche Gottes auf Erden. Die Frömmigkeit der Engländer an sich war und ist aber kein leerer Wahn, und wenn Leute, die die Engländer nur flüchtig kennen zu lernen Gelegenheit hatten oder von der seit Jahrhunderten traditionell verlotterten Moral einer kleineren, aber allerdings in der Öffentlichkeit am meisten in die Augen springenden sozialen Oberschicht hören, deren Religiosität öfter nur äußerer Schein sein mag, so beweist dies ganz und gar nichts gegen den tiefreligiösen Ernst der großen Massen des Bürgertums, von dem genaue Kenner der tatsächlichen Verhältnisse Zeugnis geben *). Persönlichkeiten wie Robert Burns, Thomas Carlyle, Robert und Elizabeth Barrett Browning, Ruskin und Emerson. Tennyson, Kardinal Newman u. a. m. wären gar nicht möglich gewesen ohne diesen gesunden Nährboden ehrlicher, gesunder Frömmigkeit und ihrer direkten Einwirkung auch auf die praktische Moral. Freilich, auch zum Unglück für England ist Deutschland als maßgebender Kulturfaktor viel zu spät in die neuere Weltgeschichte getreten. Jede Höhe hat die Gefahr, nach dem Wandel alles Irdischen auch wieder zum Niedergang zu führen; England war auf dem besten Wege, sich vor dem Niedergange zu retten durch die neubelebende Kraft des philosophisch-ethischen Einflusses Deutschlands, und zwar gerade um die Mitte des vorigen Jahrhunderts. Da war Aussicht vorhanden, daß dem eingebildeten auserwählten Volke Gottes durch den Segen deutschen Wesens die Schuppen von den Augen fallen und eine weitherzige Menschlichkeit altererbte religiöse Kräfte mit modernen Ideen deutscher Ethik zu einer höheren Einheit verbinden könnte. Es hat nicht sollen sein! Die schlimmsten Feinde deutschen Wesens sind ja leider seit jeher seine Renegaten gewesen, und so auch der Sohn eines trefflichen deutschen Vaters, der unselige spätere König Eduard VII. Wie sehr sein deutschem Empfinden schroff entgegenarbeitender Einfluß auch die weiteren Kreise der breiten Masse des Bürgertums von ihrer ernsten, echt germanischen Religiosität abzubringen imstande war, das wird sich nach dem Kriege deutlich zeigen. Wir aber sollten in unserem Urteil nicht vorschnell das Kind mit dem Bade ausschütten; es ist ein gar zu wohlfeiles

*) Gerne benutze ich die Gelegenheit, hier auf eine sehr lesenswerte und erkenntnisreiche Schrift, die auch mir vorher entgangen war, hinzuweisen: Englische Frömmigkeit, eine Studie von Oberlehrer Dr. Karl Hartmann, Beilage zum Jahresbericht des protestantischen Gymnasiums zu Straßburg i. E. 1910.

Heldenstück, in echt alldeutscher Entrüstung ein Volk, das man eigentlich gar nicht näher kennt — denn sonst hätte man es nicht vor dem Kriege so naiv überschätzt! — als völlig verrottet zu verunglimpfen, wo man unter dem peinlichen Eindruck seiner ruchlosen Politik des stürmischen Beifalls der Menge sicher ist. Auch der Ärger, den mancher deutsche Michel darüber empfinden mag, daß er früher leider viel zu viel sich gefallen lassen und das Fremde allzu sehr bewundert habe, sollte sein besonnenes Urteil und seine strenge Wahrheitsliebe, die stets bemüht ist, einer Sache auf den Grund zu kommen, nicht beirren. Unsere Pflicht gegen uns selbst und — da wir zwar nicht eingebildete auserwählte, aber wohl echte Kinder Gottes sein wollen — auch gegen unsere englischen Mitmenschen ist jetzt vor allem die, sie so gründlich zusammenzuschmeißen, daß ihnen ein für allemal der heillose Wahn ausgetrieben wird, als ob sie allein den lieben Herrgott für sich gepachtet hätten und die ganze übrige Menschheit nur zum Schemel für ihre großen Füße bestimmt wäre!

(Auszug aus dem oben erwähnten in Köln am 16. Februar 1915 gehaltenen Vortrag „Über die Religion der Engländer“:)
.... Eine Betrachtung der Entwicklung der Religion in England kann für uns heute, wo unser deutsches Volk mit den Engländern im Kampfe um Sein oder Nichtsein steht, begreiflicherweise nicht den Zweck haben, uns die englische Religion anzupreisen. Aber eine unvoreingenommene Erwägung des tatsächlichen Verhältnisses unserer Feinde zu den Fragen der Religion ist immerhin lehrreich, denn gerade unsere günstigen und ungünstigen Vorurteile, unser Verkennen des inneren Wesens des Engländertums haben viel zu dem für manche so unerwartet ausgebrochenen gegenwärtigen Gegensatze beigetragen. Besonders lehrreich ist die

geschichtliche Entwicklung der Religion in England für die Behebung eines der schwersten Schäden unserer deutschen kulturellen und politischen Entwicklung, nämlich des unerquicklichen, die besten Kräfte lähmenden Streites zwischen kirchlichem Liberalismus, Orthodoxie und Ultramontanismus, einer Frage, deren Beantwortung sich vielleicht aus der Geschichte der Religionskämpfe in England von selbst ergeben kann. Wichtig ist zunächst die unleugbare Tatsache, die von allen Kennern der wirklichen Verhältnisse, wie z. B. dem Historiker Lamprecht, dem Nationalökonomen v. Schulze-Gaevernitz u. a. m. betont wird, daß die bei uns allgemein übliche Auffassung, die englische Religiosität sei seit jeher nur Heuchelei, genauerer Beobachtung nicht standhält. Die seit jeher perfide Politik der Engländer hat mit der *tiefen Religiosität des Volkes* nichts zu tun; man kann die Echtheit des religiösen Empfindens im Volke ja in ihrer Einwirkung auf die allgemeine Gesittung erkennen, z. B. in der vorbildlichen *Stellung der Frau* als Mutter, Gattin, Tochter, Schwester, Braut in der Gesellschaft und der Familie, oder z. B. in dem *Abscheu vor der Lüge* unter der englischen Schuljugend, der sehr im Gegensatz steht zu der grundsätzlich verlogenen Politik; auch die *Heilsarmee*, die man gegenwärtig mit Unrecht beargwöhnt, weil sie aus England stammt, ist doch ein Zeugnis des echten religiösen Empfindens im englischen Volke für die Werke der christlichen Nächstenliebe.

Kirchenpolitisch besonders lehrreich ist aber die englische *Toleranz* oder richtiger die Achtung und Nichteinmengung in die religiösen Empfindungen anderer; die Engländer haben schon seit mindestens zweihundert Jahren die von uns angestrebte evangelische Freiheit praktisch verwirklicht, aber nicht durch Umsturz und Verbannung der überlieferten Formen der Vergangenheit, sondern umgekehrt, durch Erhaltung derselben, soweit sie nur irgend ohne Schaden zu halten waren. Seit jeher ist England das Land der Kompromisse, des „gesunden Menschenverstandes" ("common-sense"), und so wußten die Engländer stets zwischen dem Überlieferten, der Tradition, und dem individuellen Eigenwillen, der ein Hauptcharakterzug dieses Volkes ist, ein vernünftiges Kompromiß zu schließen, ein ungeschriebenes Gesetz des Ausgleichs zwischen Traditionalismus und Individualismus. Die englische Staatskirche, die sich auch anglokatholische zum Unterschiede von der römisch-katholischen nennt, von der sie sich durch den Gewaltakt Heinrichs VIII. losgelöst, behauptet heute noch, die alte apostolische Kirche zu sein; ihre aus dem Jahre 1562 stammenden, heute noch gültigen 39 Glaubensartikel sind aber so dehnbar und lassen in der Praxis der individuellen Deutung solchen Spielraum, daß diese Kirche eigentlich nicht viel mehr wie der notwendige Rahmen, die traditionelle Form ist, innerhalb der sich der religiöse Individualismus so frei wie jeder will bewegen kann. Die Staatskirche ist daher zwar Traditionskirche, aber nicht Autoritätskirche, sie ist seit jeher dem Namen nach orthodox, aber was im Einzelfall orthodox ist, erscheint praktisch völlig dem Einzelindividuum anheimgestellt; die einzige bindende Autorität ist in sein persönliches Gewissen gelegt, das aber durch das Bewußtsein oder durch die Erinnerung an religiöse innere Erlebnisse geleitet wird. Dadurch die unendliche Differenzierung und Wandlung der religiösen Bedürfnisse in Sekten, durch die der lebendige Glaube wachgehalten wird; dadurch ein immer wieder aufs neue prüfendes Zurückgreifen auf religiöse Werte der Vergangenheit, die z. B. der deutsche Protestantismus zu seinem Schaden leicht als abgetan zu betrachten geneigt ist. Die Traditionskirche verdankt es indirekt überhaupt nur den ihr eigentlich nicht angehörigen „Nonkonformisten“ und Sektierern, die sie trotz aller Ketzergerichte früherer Jahrhunderte nicht niederzuringen vermochte, daß sie nicht an Blutleere zugrunde gegangen und bisher bestehen geblieben ist; sie konnte sich aber nur halten, dadurch daß sie äußerlich zwar dieselbe blieb, innerlich aber und in ihrer ganzen Einwirkung auf das Volk dem Geiste der Reformation und der daraus resultierenden evangelischen Freiheit unterlag. Dadurch bildete und bildet sie auch heute für all die verschiedensten Richtungen stets den brauchbaren Rahmen, das fertige Haus, in dem alle sich individuell frei gehaben können und ohne welches schließlich alles aus Rand und Band geraten wäre. Durch diese Weitherzigkeit und Freiheit konnte sie alle religiösen Werte der Vergangenheit, die sich als wirklich dauernde Werte erwiesen, in die Gegenwart herüberretten, so namentlich auch die der römisch-katholischen Kirche, nachdem deren politische Rolle ausgeschaltet war. Auf diese Weise ist der englischen Religiosität der schroffe Gegensatz zwischen Katholizismus und Protestantismus fremd, und man kann mit Recht von der Religion der Engländer sprechen, als dem Ergebnis der Verbindung alles dessen, was auf religiösem Gebiete Großes und Dauerbares in England sich bewährt hat, mit dem geschichtlich nachweisbaren Charakter dieses Volkes. Gottlob können trotz aller dogmatischen Unterschiede in Zeiten großer nationaler Erhebung auch wir Deutschen uns in einer deutschen Frömmigkeit zusammenfinden, unbehindert durch Orthodoxie, Liberalismus, Ultramontanismus usw., ein für unser deutsches Volk unschätzbarer Gewinn, der uns hoffentlich als eines der dauernden Ergebnisse des gegenwärtigen furchtbaren Krieges erhalten bleiben soll!

VII.

„Händler und Helden."

Eine Entgegnung.

Welch lohnende Aufgabe ist es doch, jetzt, wo wir mit den Engländern im Krieg sind, unserem Publikum mit scheinbar wissenschaftlichen Gründen die neue Entdeckung kund zu tun, daß dies Volk überhaupt seit jeher nichts getaugt hat! Alle verbürgten und unverbürgten und jetzt noch gar nicht kontrollierbaren Nachrichten über die niederträchtige Art ihrer Kriegsführung, ihres Benehmens gegen unsere Gefangenen usw., alles Geringschätzige, was je von Engländern selbst oder anderen über sie gesagt worden ist, wird als zwingender Beweis beigebracht, und mit dem Tone tiefster sittlicher Entrüstung, die stürmischen Beifalls sicher ist, wird darauf hingewiesen, wie wir in unserer selbstvergessenen, edeln Arglosigkeit von diesem grundverderbten Volke betrogen worden sind! Daß Deutsche und Engländer durch ihre ganz verschiedene geschichtliche Entwicklung sehr verschieden sind, daß die Engländer, wie das bei einem durch unvergleichliche Erfolge verwöhnten Rentnervolke nur zu leicht eintritt, sich seit geraumer Zeit sowohl im wirtschaftlichen wie im sittlich-religiösen Sinne im Niedergange befinden u. dgl. m., all das hat man längst gewußt — oder hätte es wissen können, wenn man das, was Sachkundige jahrelang vor dem Kriege klar und überzeugend ausgesprochen haben, beachtet hätte. Wenn viele unter uns und auch Schriftsteller, die es besser hätten wissen sollen, nun auf einmal enttäuscht sind und ihre zu spät aufdämmernde Erkenntnis sie nun in den Harnisch bringt, so sind sie daran selbst schuld, und nicht die Engländer, ebenso wie es nicht die Schuld oder die angebliche Wertlosigkeit der englischen Kultur ist, wenn wir bisher in übertriebener Bewunderung und Nachahmung derselben einen verkehrten Gebrauch davon gemacht haben.

Diese Betrachtung drängt sich einem auf beim Lesen des soeben erschienenen Schriftchens „Händler und Helden“, patriotische Besinnungen von Werner Sombart, von dem die Kölnische Zeitung (Nr. 235) ein Kapitel, das den „Komfortismus“ und „Sportismus“ geißelt, veröffentlicht hat, wogegen aber (in Nr. 261) „ein Hauptmann aus dem Felde“ alsbald eine kurze, kräftige Entgegnung einsandte. Ein deutscher Pädagoge oder Professor könnte in gleicher Weise daran erinnern, daß unsere heutige Schuljugend ebenso wie unsere Studenten gerade durch den Einfluß der englischen Freiluftspiele u. dgl. unendlich viel an körperlicher und damit auch geistiger Gesundheit und Frische gewonnen haben; daß damit auch ein harmloserer, gesünderer Verkehrston zwischen Jünglingen und Mädchen, eine geläuterte sittliche Freiheit im Verhältnisse der beiden Geschlechter eingezogen ist, wer möchte das leugnen! u. dgl. m.

Nach Sombart sind natürlich die Engländer nur die Händler, wir nur die Helden, und er sucht die Wesensverschiedenheit des englischen vom deutschen Geiste besonders auch aus ihrer Philosophie nachzuweisen. Darin liegt viel Richtiges, wenn auch wohl kaum etwas Neues, und das Wesentliche dabei ist, daß die entscheidende Wendung im deutschen Idealismus, die wir Kant verdanken, von den Engländern noch nicht mitgemacht worden, was aber gar nicht erstaunlich und natürlich längst bekannt war. Erstens ist jede Entwicklung in England seit jeher ungleich langsamer als anderswo, zweitens hatten die Engländer vor hundert Jahren schon eine ihr ganzes Leben durchsetzende abgerundete Weltanschauung, die nicht so schnell in neue Gleise umzuleiten war, wie dies etwa bei unseren „problematischen Naturen" selbstverständlich erscheint, drittens, wie oben angedeutet, ist England ja im vergangenen Jahrhundert durch sein geschichtlich erklärliches Rentnerbehagen geistig mehr versimpelt, als es in Zeiten aufstrebender Entwicklung zu geschehen pflegt, so daß die unserem neuen deutschen Idealismus folgenden Strömungen zwar vorhanden (Carlyle, Meredith u. a. m.) waren und sind, aber nicht die Oberhand gewinnen konnten. Wäre dieser unglückselige Krieg nicht gekommen — und wenn Eduard VII. nicht eben Eduard VII. gewesen wäre, wäre er nicht gekommen — dann wäre es durchaus nicht unwahrscheinlich gewesen, daß besonders durch die Rückwirkung aus Nordamerika (Emerson, James u. a.) auch das englische Geistesleben mit Erfolg einen neuen Aufschwung genommen hätte; jedenfalls beweist die unglückliche Entscheidung, die nun eingetreten, nichts für oder gegen die theoretische Möglichkeit. Gewiß sind englische und deutsche Philosophie und damit zusammenhängende Charakterzüge wesentliche Gegensätze, jedoch in den Wirklichkeiten des Lebens kann man nie sagen, daß die eine absolut gut, die andere absolut schlecht, d. h. für die Entwicklung der Menschheit die allein erstrebenswerte oder hemmende sei, ganz im Gegenteil; am wenigsten sollten wir Deutsche uns zu solch einer Einseitigkeit versteigen, die wir doch untereinander unendlich verschiedener sind als irgendeine andere in sich geschlossene Kulturnation; wenn wir etwa einen Hamburger mit einem Württemberger, einen Pommern mit einem Bayern vergleichen, da finden wir doch viel bedeutendere Unterschiede in Temperament, Phantasie und Gemütsleben, Sitten, Gewohnheiten und Neigungen, auf denen doch schließlich die jeweilige Lebensphilosophie beruht, und wer wollte da sagen, die eine sei die gute, die andere die schlechte? Jede hat ihre starken und ihre schwachen Seiten, die sich mit Vorteil gegenseitig ergänzen können.

Es heißt aber gänzlich ungeschichtlich denken, wenn man da ganze Völker und Stämme mit solchen Schlagwörtern wie „Händler“ und „Helden“ charakterisieren will! Glücklicherweise sind auch wir seit unserem politischen Aufschwung und trotz unserer Philosophie recht gute Händler geworden und wollen es bleiben, und wenn auch an die herzerhebende sittliche Größe, die unser Volk in diesem seinem heiligen Kriege zeigt, das englische heute nicht entfernt heranreicht, so erweisen die Engländer sich doch auch jetzt, sehr zu unserem Schaden, vielfach als Helden; denn wenn ihre Heere auch seit jeher Söldnerheere gewesen — so wie früher die unserigen auch — so sind heute doch zahllose Freiwillige der besten Bildungs- und Gesellschaftsschichten darunter, die gewiß nur aus vaterländischer Begeisterung mitkämpfen. Helden sind sie aber auch stets gewesen, wo es sich um reine Ideale gehandelt hat, in ihren inneren Freiheits- und Religionskriegen des 17. Jahrhunderts und heute in ihren inneren Kriegen gegen die soziale Not, ein stilles Heldentum, das aus jeder Seite ihrer Geschichte spricht. Solche Verallgemeinerungen durch Schlagwörter, mit denen man freilich des Beifalls aller derer sicher ist, die sich kein selbständiges Urteil zu bilden in der Lage sind, sind doch etwas höchst Bedenkliches! Ebenso Äußerungen wie die folgende: „daß fremde Kulturen uns geistige Werte, sei es zum

Genuß, sei es zur Förderung darbieten, gilt selbstverständlich immer mit Ausschluß Englands, das geistige Werte überhaupt nicht erzeugt . . ." ! ! ! Nein, so muß man es nicht machen. Wir sollen vor allem uns selbst suchen und finden, aus dem unausgeschöpften Reichtum unseres eigenen Volkstums und seiner Geschichte ein gesundes und sicheres Nationalbewußtsein gewinnen, und wenn wir zu diesem, bei unseren mannigfachen Stammesverschiedenheiten lange noch nicht erreichten, Konsolidierungsprozeß etwas vom Auslande lernen können, so werden wir nach wie vor gut tun, uns dessen ruhig zu bedienen, denn die Geschichte wie die Zustände der Gegenwart unserer schlimmsten Feinde sind dafür gleich lehrreich. Wir Deutschen halten es im allgemeinen nicht für vornehm und die Aufgabe eines würdigen Vaterlandsgefühles, die jeweiligen Gegner blindlings mit Schmutz und Schmähreden zu bekriegen; das wollen wir auch in Zukunft lieber diesen selbst überlassen. Im übrigen sollen wir aufhören, uns gar zu viel um die Ausländer zu kümmern oder sie in Gute oder Böse einzuteilen, je nachdem sie uns jeweils lieben oder hassen. Wir haben mit uns selbst reichlich genug zu tun. Will aber einer unseren Frieden stören, dann darf es keine Rücksicht auf etwaige frühere Neigungen geben, da gibt es nur den Feind, und den gibt es solange, bis er für uns unschädlich gemacht ist.

VIII.

"The True-born Englishman"

Zur Ausländerfrage in England.

Das sinnlose Wüten der Engländer gegen harmlose Deutsche und Österreicher in England ist in seiner Brutalität und Unvernunft nicht nur ein Ausfluß englisch-nationaler Unverschämtheit und Rücksichtslosigkeit, sondern mindestens ebensosehr ein Zeichen ihrer Schwäche, ihrer Verwirrung und Verlegenheit, denn Dummheit und Verbrechen sind seit jeher eng miteinander verbunden. Eine der betrübendsten Erscheinungen in der englischen Kriegführung ist ja einerseits die dilettantische Kurzsichtigkeit der englischen Regierung und ihrer Ausführungsorgane, andererseits die Leichtigkeit, mit der die großen Massen, und zwar auch die großen Massen der Gebildeteren, durch **Schlagwörter**, durch geschickte Stimmungsmache der politischen Drahtzieher und ihrer Presse in ihrem Urteil gefangen genommen werden. Wenn man durch Zufall heute eine englische Zeitung oder illustrierte Wochenschrift in die Hand bekommt, begreift man bald, wie es möglich ist, bei einem sonst so gesitteten Volke die einfachsten Begriffe von Recht und Billigkeit dermaßen zu verwirren, so daß sie in den Deutschen wirklich den Abschaum der Menschheit zu sehen glauben. Typisch ist die Abbildung eines deutschen Sanitätswagens des Roten Kreuzes, in dem Soldaten mit einem Maschinengewehr versteckt sind, oder Darstellungen von Szenen aus der Flucht wehrloser Frauen und Kinder aus Antwerpen u. dgl. m., von abscheulicheren Dingen ganz zu geschweigen. Dergleichen wirkt entscheidend auf die unberatenen Massen, und über all das wird ja einst die Geschichte zu Gericht sitzen.

Von den dem englischen Nationalstolz schmeichelnden leeren Schlagwörtern sei eines besonders hervorgehoben, das, weil es sich geschichtlich nachweisen läßt, bezeichnend für die innere Schwäche und Ungesundheit dieses Nationalstolzes ist, nämlich ihre verhänignisvolle Wahnvorstellung vom „alten echten Engländertum". Es hat wirklich oft den Anschein, als ob gewisse Denkfehler sich ähnlich wie körperliche Gebrechen oder Eigenheiten im Engländer festsetzten, gleichsam als lägen sie im Klima, so daß auch durchaus wohlmeinende, wahrheitsliebende Menschen Mühe haben, sich solcher Zwangsvorstellungen zu erwehren. Ich habe Engländer, Männer wie Frauen, kennen gelernt, die persönlich von einer ganz zweifellosen Reinheit und Wahrhaftigkeit der Gesinnung, von einer wirklich rührenden Selbstlosigkeit, Herzensgüte und Bescheidenheit waren, und die trotzdem, wenn man ihnen das Unberechtigte englischer Prätensionen vorhielt, ganz verwirrt, fassungslos und durchaus unüberzeugbar waren; ihre Borniertheit hatte geradezu etwas Tragisches, wenn nicht Tragikomisches; sie konnten beim besten Willen aus ihren Zwangsvorstellungen nicht heraus. Wenn man dies nun an Menschen höchster sittlicher Lauterkeit beobachten kann, läßt sich begreifen, wie bei der Masse der Durchschnittsmenschen solch ein Wahn gefährlichere Formen annehmen muß.

Für uns ist es jetzt einfach gebieterische Pflicht der Notwehr, uns gegen solche pathologische Erscheinungen, wenn sie für uns heute gefährlich werden, energisch zur Wehre zu setzen. Da wir aber nun einmal — zu unserer Ehre sei es gesagt — auch hier das moralische Recht auf unserer Seite behalten wollen, möchten wir zugleich auch die Ursache solcher Verirrungen kennen. Allerdings scheint mir heute auch in diesem Falle die allerschroffste Abwehr die dringendste Aufgabe, denn wie man einem Tobsüchtigen die Zwangsjacke anlegen muß, damit er weder uns noch sich selbst ein Leid antue, so wird der Psychiater auch beim nur im ersten Stadium Erkrankten oder der Erzieher beim nur vorübergehend verblendeten Kinde zuweilen durch energische Einschüchterung oder ein entschiedenes Machtwort — oder auch durch einen wohlangebrachten Klaps — einer Ausschreitung Halt gebieten; nichts wäre verkehrter, als den Engländern durch Entgegenkommen und Milde den Narren austreiben zu wollen, sie würden das nur für Schwäche und für eine Bestätigung ihrer Überlegenheit halten. Jeder, der das englische Volk selbst aufrichtig liebt und hochschätzt, darf ihnen jetzt nur gründliche, und zwar um heilsam zu sein, ganz empfindliche Prügel wünschen, sonst ist die ganze Arbeit umsonst. Einsichtige Engländer haben ja längst gesagt: We sadly want a good licking! (Tüchtige Prügel sind uns bitter not!) Darum dürfen wir uns auch nicht mit einem halben Siege begnügen; wir müssen die Engländer so treffen, daß sie aus ihrer Verblendung erwachen und zur Vernunft kommen, denn ihre Unvernunft ist eben nicht erst von heute!

Im Jahre 1701 hatte Daniel Defoe, der, lange bevor er seinen uns allen seit der Kinderstube unvergeßlichen Robinson Crusoe veröffentlichte (1719), als Politiker und Nationalökonom eine große Rolle gespielt hatte, unter dem Titel "The trueborn Englishman" (Der Engländer von echter Herkunft oder Geburt) eine Satire auf seine Landsleute geschrieben, die ihren König Wilhelm III. (von Nassau-Oranien), den sie als Retter vor der heillosen Stuartmißwirtschaft berufen hatten, hinterher besonders deshalb anfeindeten, weil er nach ihrer Ansicht auf einmal kein echter Engländer, sondern ein "foreigner" war! Wilhelm III. war der Sohn von Mary, der Tochter Karls I. und Schwester Jakobs II., und seine Frau, mit der er gemeinsam bis zu ihrem Tode (1694) die Krone von England trug, war seine Cousine Mary, die Tochter Jakobs II.; also Karl I. war der gemeinsame Großvater, und der entthronte Jakob II. war Wilhelms III. Onkel und Schwiegervater. Wilhelm III. war aber als Sohn Wilhelms II. von Oranien ebensowenig ein „Engländer von echter Geburt" — obwohl von einer englischen Mutter geboren — wie in unseren Tagen Eduard VII., der intellektuelle Urheber dieses ganzen unseligen Krieges, den die Engländer, wenn er heute noch lebte, logischerweise als "foreigner" einsperren und drangsalieren müßten, da sein Vater ja ein Deutscher war!

Nun, je nachdem es ihnen gerade paßt, ist heute wie vor zweihundert Jahren, einer heute ein "Englisman", morgen ein "foreigner", und letztere Einschätzung immer nur ein Vorwand, ein brauchbares Schlagwort, denn im Grunde genommen sind sie, wie schon Defoe hervorhob, alle nichts anderes als "foreigners"!

Am letzten, dem fünfzigsten deutschen Shakespeare-Tage in Weimar hielt als Hauptvertreter Englands ein Gelehrter, bei dem nicht nur sein Name, sondern auch die äußere Erscheinung unverkennbar die rassenechte Herkunft aus polnischem oder russischem Ghetto erkennen läßt, eine Tischrede, und wenn uns Deutschen das mit jüdelnder Aussprache betonte, echt englische Nationalgefühl des Redners auch etwas komisch war, ebenso wie wenn wir die heutigen Kulturträger Ungarns, die Judäomadjaren, sich als Söhne Arpáds gerieren sehen — den anwesenden Engländern fiel die Ungereimtheit nicht auf; sie sind in friedlichen Zeiten, wenn ihre Interessen dadurch nicht gestört werden, weitherzig genug, jeden der sich anglisiert, d. h. der englischen Kulturgemeinschaft angeschlossen hat, ohne Bedenken als einen der Ihrigen anzuerkennen. Ja, sie schütteln sogar verständnislos die Köpfe über den — gewiß verwerflichen — Antisemitismus in Deutschland; aber sie tun dies nicht etwa aus sittlicher Entrüstung oder aus neidlosem Edelmut, sondern weil sie seit jeher gewohnt sind, jeden fremden Bevölkerungszufluß ungehindert in sich aufzunehmen und, sobald seine Nachkommenschaft im Lande geboren und aufgewachsen ist, als "true-born English" gelten zu lassen.

Sollten ein andermal die politischen Drahtzieher aus irgendeinem anderen Unverstande es für gut halten, etwa die in England ansässigen Iren, Schotten, Walliser, Holländer, Schweden, Dänen, Juden usw. als Volksfeinde vogelfrei zu erklären, würden sie unbedenklich wieder mit ihrem Schlagwort vom "true-born Englishman" operieren und vermutlich noch ungleich mehr brutale Torheiten und Mißgriffe begehen als jetzt gegen die Deutschen, da sie die "true-born foreigners" von den "true-born Englishmen" noch weniger sicher unterscheiden könnten! Das „Engländertum echter Geburt" ist eben eine Fiktion, die längst zu den überwundenen Irrtümern gehörte, wenn nicht die Denkträgheit der großen Massen, auch der gebildeteren Massen, sich nicht in fast allem mit hübsch plausibeln Schlagwörtern zufrieden gäbe. Es ist dem englischen Volke offenbar neben dem Geschäftsinteresse des Tages, d. h. des Gelderwerbes, eine Art Bedürfnis, die Nüchternheit seiner Existenz durch diese oder jene gemütliche oder

6*

poetisch-romantische Fiktion zu beleben. "My home is my castle" ist beispielsweise solch eine Fiktion, mit der auch der schlichteste Bürgersmann sich nach Feierabend in der Vorstellung bespiegelt, daß er in seinem Heim — und wenn es das bescheidenste Miethäuschen ist — die stolze Unabhängigkeit eines feudalen Lords genieße. Dies ist ein durchaus vorbildlicher Zug im englischen Nationalcharakter, sich trotz allen vorherrschenden Interesses für „Soll und Haben" den Luxus des Gemütslebens zu bewahren und aus der Tradition Gemütswerte zu schaffen; wenn man z. B. die Weihnachtsnummern ihrer illustrierten Zeitungen betrachtet — ich verfolge sie seit einigen dreiunddreißig Jahren —, begegnet man immer wieder und wieder den typischen Bildern winterlich-weihnächtlicher Schneelandschaften mit Kirchgang, alten englischen Landjunkern der Roger de Coverley-Sorte, Straßenräubern und ritterlichen Befreiern schöner Damen des 18. Jahrhunderts, Fuchsjagden usw., und mit unerschöpfter naiver Begeisterung erfreut sich Alt und Jung — meist arme Großstädter, die vielleicht nie in ihrem Leben eine wirkliche Schneelandschaft und noch weniger eine Fuchsjagd gesehen — an solchen Fiktionen alter „echt englischer" Herrlichkeit, die sie nur aus Büchern kennen; sie freuen sich daran ohne Neid oder sentimentale Sehnsucht, in dem Gefühle, daß auch sie die echt englischen Erben dieser echt englischen Traditionen seien! Gerade heute, wo die englische Politik den brutalen, rücksichtslosen Egoismus uns aufs krasseste vor Augen führt, muß daran erinnert werden, daß dem englischen Volkscharakter der hämische kleinliche Neid, die Mißgunst des Ärmeren gegenüber dem Reichen, des einfachen Bürgers gegenüber dem Aristokraten, eigentlich fern liegt; darum ist auch das Verhältnis von Untertan zum König das einer naiven Anhänglichkeit, das

Gefühl eines Luxus, den man sich als „echter“ Engländer gönnen könne, da jeder sich gewissermaßen als Mitbesitzer und Erben der traditionellen Herrlichkeit des nationalen Königtums fühlt; der König oder die Königin selbst, mit denen die allerwenigsten je in persönliche Berührung kommen, sind gewissermaßen symbolische Vertreter ihrer nationalen Größe, sind also traditionelle Gemütswerte ihres nationalen Besitzes, die sie nicht missen möchten. Aber eben weil Königtum, Aristokratie, Fuchsjagden, Magna Charta, Seeherrschaft, echtgeborenes altes Engländertum usw. mehr Schlagwörter als selbsterfahrene Vorstellungen sind, kann eine gewissenlose Politik mit Erfolg je nach Bedarf damit operieren und sie in den Dienst selbst des ruchlosesten, hinterlistigsten Egoismus stellen und das naive Volk damit so weit verblenden, daß es wirklich ehrlich glaubt, für seine Ideale von Freiheit und Gerechtigkeit zu kämpfen. Wie man beim Krimkriege über die englische Armee sagte: sie seien „Löwen von Eseln geführt“, so könnte man heute vom Benehmen des englischen Volkes gegen uns sagen: sie sind leichtgläubige Kinder von Schurken geführt, die sie so geschickt zu betören wissen, daß sie selbst, ohne es zu merken, sich jeder Schurkerei schuldig machen!

Denn wenn z. B. ein englischer Grubenarbeiter sich als Freiwilliger meldet, obwohl er dabei Weib und Kind schlechter versorgen kann, als wenn er bei seiner einträglichen Arbeit zu Hause bliebe, und als Grund dafür angibt, er wolle die vergewaltigten wehrlosen Weiber und Kinder der meuchlings ermordeten belgischen Grubenarbeiter an den deutschen Barbaren rächen, so ist die Gesinnung dieses allzu leichtgläubigen einfältigen Mannes ebenso ehrenwert, als die der politischen Drahtzieher schurkisch ist, die das schlecht beratene Volk durch derartige infame Verleumdungen irreführen, um ihre eigenen Zwecke durchzusetzen. Freilich von der Schuld kann auch ihr bester Freund die Gesamtheit des englischen Volkes nicht freisprechen, daß solche Irreführungen möglich sind, und die allgemeine Denkträgheit und pathologische Selbstzufriedenheit dergleichen nicht im Keime ersticken läßt.

Ähnliche naive Voreingenommenheit und Freude am Heimischen finden wir ja auch anderswo, so besonders bei den nächsten Stammesverwandten der Engländer, den Hanseaten, z. B. in dem bekannten Spruch: „Nord, Ost, Süd, West, Bremen ist best!“ u. dgl. m. Jedoch den Engländern eigen, und zwar geschichtlich nachweisbar eigen ist das förmliche System von Fiktionen, in dem sie gleichsam alle gemütlich oder poetisch-romantisch verwertbaren Faktoren ihrer wechselvollen Geschichte untergebracht haben, die sie traditionell als gegebene, feste, unverlierbare und unzerstörbare Werte — oder auch Schlagwörter hegen und pflegen, ohne sie selbst je von neuem durchzudenken. Es ist nicht zu leugnen, diese Systematisierung ihrer Fiktionen gibt den Engländern Stil, englisch-nationalen Stil, und in ihren sicheren Formen sind sie uns zweifelsohne über. Die Grundzüge und elementarsten Tatsachen ihrer Verfassung und Geschichte kennen die einfachsten Leute: "Magna Charta", "Armada", "Rule Britannia, Britannia rule the waves", u. dgl. m., und in diesem abgeschlossenen System von Schlagwörtern, seien sie nun auf Tatsachen gegründet oder auf Fiktionen, fühlen sie sich sicher — eigentlich eine beneidenswerte Sicherheit, die der nationalen Empfindung, wenn sie erregt wird, eine gewaltige Stoßkraft verleiht. Aber eben das Traditionelle, das unbedenklich vertrauensselig von alters her Überkommene macht diese Schlagwörter zugleich zu leeren Phrasen, wenn sie von geschickten Drahtziehern mißbraucht werden.

Daniel Defoe hat dies im wesentlichen richtig erkannt, wenn er in der Vorrede zur revidierten Ausgabe seiner genannten Satire (1703) u. a. sagt (ich kürze und übersetze hier der Einfachheit halber frei): „ein echter (oder wahrer 'a true Englisman') Engländer, das läßt sich hören, aber ein echt geborener ('a true-born') Engländer, das verstehe ich nicht; ich schließe daraus nur, daß von allen Menschen gerade ein Engländer Ausländer als solche nicht verachten sollte, denn das was diese heute sind, das waren wir gestern, und morgen werden sie so sein wie wir .... Es läßt sich leicht dartun, daß die Massen Ausländer, die bei uns Zuflucht gefunden, die größte Erhöhung des Wohlstandes und der Kraft der Nation bewirkt haben ... Wir sollten uns unter unseren Nachbarvölkern eher rühmen, daß wir ein Teil von ihnen sind, desselben Ursprungs wie sie, nur verbessert durch unser Klima ('our climate', hier wohl richtiger in der alten Bedeutung: Land), und wie unsere Sprache und Gewerbe von ihnen abgeleitet, nur von uns zu größerer Vollkommenheit gebracht ..." und ferner in der Vorrede zur ersten Ausgabe (1701): „wahrhaftig, die Fremden behandeln uns im Auslande besser ... und es läßt sich nicht leugnen, daß wir vielfach und besonders Fremden gegenüber das rüpelhafteste ('churlishest') Volk sind, das es gibt ..."

In seiner politischen Satire läßt Defoe zunächst die verschiedenen anderen Nationen Revue passieren, die vom Teufel und zwar jede von einem besonderen Dämon beherrscht werden, und die völkerpsychologische Charakteristik der einzelnen ist interessant und lehrreich genug, da wir dergleichen leider nicht allzuviel haben, und die gelegentlich in den Zeugnissen vergangener Zeiten eingestreuten nationalen Charakterisierungen den einzigen Anhalt für eine wissenschaftliche Ergründung des Nationalcharakters bieten. Als Beispiel mag die Charakteristik der Spanier dienen, die der Hochmutsteufel — man erinnere sich an unser Sprichwort „Stolz wie ein Spanier" ! — beherrscht:

Pride, the first Peer, and President of Hell;
To his share, Spain, the largest province, fell.
The subtle Prince thought fittest to bestow
On these, the golden mines of Mexico,
With all the silver mountains of Peru;
Wealth which, in wise hands, would the World undo!
Because he knew their Genius to be such,
Too lazy and too haughty to be rich.
So proud a people, so above their fate,
That if reduced to beg, they'll beg in State!
Lavish of money, to be counted brave;
And proudly starve, because they scorn to save.
Never was nation in the World before,
So very rich, and yet so very poor.

Lüsternheit (Lust) hat sich das heiße Italien erwählt:

There Nature ever burns with hot desires,
Fanned with luxuriant air from subterraneous fires.

Trunkenheit Deutschland:

Drunkenness, the darling favourite of hell,
Chose Germany to rule; and rules so well!
No subjects more obsequiously obey!
None please so well, or are so pleased as they!
The cunning Artist manages so well,
He lets them bow to heaven, and drink to hell.
If but to wine and him, they homage pay,
He cares not to what deity they pray!

What God they worship most! or in what way!
Whether by Luther, Calvin, or by Rome,
They sail for heaven: by wine, he steers them home!

Ungezügelte Leidenschaft ließ sich in Frankreich nieder:

A dancing nation, fickle and untrue!
Have oft undone themselves, and others. too.

Die Heidenwelt führt der Teufel persönlich, da braucht er keine Maske; die übrigen regiert er durch Stellvertreter, so durch heftigen Eifer (zeal) die Irländer, durch Torheit (folly) die Russen, durch Wut (fury) die Dänen, durch Melancholie die Schweden, durch stupide Unwissenheit die Moskowiter usw. Raserei (rage) beherrscht die Portugiesen, Betrug (fraud) die Schotten, Rache (revenge) die Polen, Geiz (avarice) die Holländer.

Nun wendet die Satire sich zu England! Es wäre so glücklich gewesen, solange es noch unbekannt und unbevölkert geblieben, nicht eine Beute to every barbarous nation . . . Who conquer her as oft as they invade her.

Aber

Ingratitude, a devil of black renown,
Possessed her very early for his own . . . .
He made her first born race to be so rude,
And suffered her to be so oft subdued.
By several crowds of wandering thieves o'errun,
Often unpeopled, and as oft undone:
While every nation, that her powers reduced,
Their language and manners soon infused.
From whose mixed relics our compounded Breed
By spurious generation does succeed:
Making a Race uncertain and uneven,
Derived from all the nations under heaven!

Nun werden die verschiedenen Besiedler Britanniens, die Römer und alles was dazu gehörte, aufgezählt, die Sachsen, Dänen, Schotten, Pikten, Irländer, und die Normannen mit ihrem Herzog Wilhelm dem Eroberer, von dem es heißt:

The great invading Norman let us know
What conquerors in after Times might do!
To every musketeer, he brought to Town,
He gave the lands which never were his own.
When first, the English crown he did obtain,
He did not send his Dutchmen home again!

. . . . . .

And here begins our ancient pedigree
That so exalts our poor Nobility!
'Tis that from some French trooper they derive,
Who with the Norman Bastard did arrive . . . .
But grant the best! How came the change to pass,
A ***True-born Englishman***, of ***Norman*** race?

und

These are the heroes who despise the Dutch,
And rail at new-come foreigners so much!
Forgetting that themselves are all derived
From the most scoundrel race that ever lived!

und so ging's weiter:

Dutch, Walloons, Flemings, Irishmen, and Scots,
Vaudois and Valtolines and Huguenots,
In good Queen Bess's charitable reign,
Supplied us with three hundred thousand men.
Religion (God, we thank Thee!) sent them hither,
Priests, Protestants, the Devil and all together!
Of all professions, and of every trade,
All that were persecuted or afraid; . . .
But they grew Englishmen . . .

Dann kam die schottische Dynastie der Stuarts:

The Royal Branch, from Pict land did succeed,
With troops of Scots, and scabs from North-by-Tweed.
The seven first years of his pacific reign
Made him and half his nation, Englishmen.

und so geht es weiter mit ununterbrochenem Zufluß von Ausländern, die alsbald anglisiert werden, so daß

A *True-born Englishman's* a contradiction!
In speech, an irony! in fact, a fiction! ...
We challenge all our Heralds to declare
Ten Families which English Saxons are!

Nun das Resultat all dieser Rassenmischung!

Fierce as the Britain, as the Roman brave;
And less inclined to conquer than to save:
Eager to fight, and lavish of their blood,
And equally of Fear and Forecast void.]
The Pict has made them sour, the Dane, morose;
False from the Scot, and from the Norman worse.
What honesty they have, the Saxons gave them;
And that, now they grow old, begins to leave them! ...

Darauf eine Stelle, die für die brutale Offenheit charakteristisch ist, mit der im gegenwärtigen Kriege die Engländer ihre rücksichtslose Einkreisungspolitik und ihre vor dem Kriege eingefädelten Intrigen sofort nach dem Kriegsbeginn erkennen ließen:

In close intrigues, their faculty's but weak;
For generally, whate'er they know, they speak;
And often their own counsels (d. h. Geheimnisse!) undermine
By mere infirmity, without design:
From whence, the Learned say, it does proceed,
That English treasons never can succeed.

For they're so open-hearted, you may know
Their own most secret thoughts, and others' too.

Es ist höchst beachtenswert, daß Defoe, der in dieser Satire von seinen Landsleuten ein alles andere als schmeichelhaftes Bild entwirft, hier ihre plumpe Aufrichtigkeit verhöhnt, eine Eigenschaft, die ihnen ja bekanntlich fast allgemein abgesprochen wird, indem man ihre „Perfidie" und „Heuchelei" brandmarkt. Dennoch hat Defoe vollkommen recht, und auch der scheinbare Widerspruch mit dem, was der gegenwärtige Krieg gezeigt hat, ist nichts anderes als der Widerspruch zwischen englischem Volk und englischer Politik. Ihre Politik ist seit jeher grundsätzlich eine Politik rücksichtslosen, nationalen Egoismus, ihr Mittel jede Hinterlist, die nur denkbar ist; daher all die „perfiden" Schachzüge und heimlichen Abmachungen und Vorbereitungen vor dem Kriege, ehe die Karten aufgedeckt werden durften — schon allein deshalb, weil das Volk dagegen protestiert hätte! Sobald aber der Krieg offen erklärt war, wurden alle Karten aufgedeckt, eben weil das Volk keine Heimlichkeiten duldet, ja es wurden nicht etwa heimlich vorhandene Kräfte weiter verheimlicht, sondern umgekehrt in plumpster Weise mit solchen, die gar nicht vorhanden waren, geprahlt! Daher hat es sich im Kriege bald gezeigt, daß wir weit mehr vermochten, als unsere Gegner ahnten, während sie weit weniger, als sie ihr allzu vertrauensseliges Volk und andere glauben machen wollten! Natürlich ist es Perfidie und Heuchelei, mit der die politischen Drahtzieher zur Rechtfertigung des Unheils, das sie angerichtet, ihrem Vorgehen ein moralisches Mäntelchen, das aus all den populären Schlagwörtern zusammengeflickt ist, umzuhängen suchen. Aber, wenn es so weiter geht, ist doch zu erwarten, daß auch die großen Massen am Ende die

Fadenscheinigkeit dieses Mäntelchens erkennen werden, und dann wird sich wieder zeigen, wie Defoe sagt: "That English treasons never can succeed!"

Noch eine ganze Anzahl geschichtlich bestätigter Charakterzüge der Engländer hat Defoe in dieser Satire treffend zum Ausdruck gebracht, aber es würde hier zu weit führen, auf diese und ebenso auf zahlreiche Anspielungen auf zeitgenössische Vorfälle, Zustände, Persönlichkeiten einzugehen, die mehr dem augenblicklichen Zweck dieses politischen Flugblattes dienten.

Wir sind heute über die ethnologischen und kulturgeschichtlichen Einzelheiten des Werdens der englischen Nation genauer orientiert als Defoe dies vor mehr als zweihundert Jahren sein konnte, doch kann der Rückblick auf diese vergangenen zweihundert Jahre heute die Richtigkeit seiner Beurteilung nur bestätigen und vertiefen.

Nur ein Punkt sei darum noch besonders hervorgehoben, der sich dem geschichtlichen Blicke aufdrängt und die englische Wahnvorstellung vom "true-born Englishman" einigermaßen verstehen lehrt, nämlich der Begriff Vaterland, wie er sich im englischen Volke von den frühesten Zeiten an bis heute gleichmäßig gebildet hat.

Bekanntlich hat der Engländer kein Wort dafür; das Wort "fatherland" ist ein Fremdwort und wird heute in der Regel als solches empfunden und namentlich auf Deutschland angewandt. Ganz vereinzelt kommt es seit dem 17. Jahrhundert vor, und ein Beleg aus dem Jahre 1672 "The Dutch instead of our Country, say our Father-land" ist bezeichnend. Allenfalls gebraucht man noch "native country" oder "mother-country" (worüber sich auch noch manches sagen ließe, vgl. französisch terre mère), das gewöhnliche Wort ist aber schlechthin "country", in älterer Zeit "the land". Daher der Spruch "Right or wrong, my country!" Für den Bewohner der größeren britischen Insel ist derjenige ein Engländer, der zum Lande gehört, zum Lande, das seit jeher das Land der allgemeinen Einwanderung gewesen ist, im Mittelalter zuerst das Land kriegerischer Invasionen und Eroberungen, seither ununterbrochen das Land friedlicher Einwanderungen, von welch letzteren die Geschichte nur in beschränktestem Maße direkte Zeugnisse besitzt, weil sich eben schon im Mittelalter ebenso wie heute der nach England friedlich übersiedelnde Schmidt und Müller bald schmerzlos in einen Smith und Miller, Myllar oder später Muller u. dgl. m. verwandelt. Mit der größten Naivität wird daher im englischen Nationalbewußtsein, im Mittelalter wie heutzutage, alles, was je im Lande gewesen, als dauernd dem Lande eigen betrachtet, ohne jede Rücksicht auf Abstammung oder Rasse. Ich erwähnte ja oben schon das Beispiel des polnisch-russischen Juden. Durch die wirklich echten „Engländer", die germanischen Seeräuberstämme, die man unter dem späteren, gelehrten Namen „Angelsachsen" zusammenfaßt, waren ja ihre Vorgänger in der Herrschaft, die alten Briten, beinahe vernichtet, jedenfalls gänzlich unterjocht oder vertrieben worden; nichtsdestoweniger nennen sich die Engländer noch heute Briten! Der sagenhafte britische König Arthur, der ja vor den eingedrungenen Engländern mit all seiner ritterlichen Herrlichkeit verschwinden mußte, erscheint nicht nur in den folgenden Jahrhunderten des Mittelalters als beliebter Gegenstand romantischer Dichtung, sondern heißt gar bald Arthur von England und ist zur Zeit der Elisabeth geradezu der typische Repräsentant des englischen Königtums und Rittertums und ist es bis heute geblieben. Es gehört dies eben auch zu den traditionellen Gemütswerten, von denen oben die Rede war. Ich habe dies und Ähnliches eingehender an anderem Orte *) ausgeführt und möchte daraus nur ein Beispiel dieser naiven Begriffsverwirrung, die wir wohl schon im Kopfe eines englischen Klosterbruders des 13. Jahrhunderts annehmen können, anführen. Der ehrwürdige Priester Lawemon, der zu Anfang des 13. Jahrhunderts seine bekannte Chronik "Brut" schrieb, schloß seine Erzählung vom Verschwinden Arthurs nach der Insel Avalun mit den Worten:

„Nie ward der Mann geboren,
Nie von einem Weibe erkoren,
Der könnte in Wahrheit
Mehr von Arthur sagen.
Aber weiland war ein Weissager,
Merlin geheißen,
Der kündete mit Worten
— seine Aussprüche waren wahrhaft —,
Daß ein Arthur noch sollte
Den Briten kommen zu Hilfe."

Für das Wort „Briten" liest die ältere der zwei erhaltenen Handschriften „Engländern" ("Anglen")! Ein Versehen, das aber undenkbar wäre, wenn der Verfasser oder Abschreiber **) nicht schon in seiner Auffassung vom true-born Englishman dieselbe naive Unklarheit gehegt hätte, wie seine Landsleute durch den ganzen wechselvollen Verlauf der Jahrhunderte bis heute!

Welcher minimale Bruchteil von altbritischem Blut heute etwa noch im englischen Volkskörper steckt, läßt sich natürlich nicht

---

*) In meinen „Grundzügen und Haupttypen der englischen Literaturgeschichte." Berlin, Göschen, 2 Bändchen, neueste Auflage, 1911 u. 1914.

**) Die Alliteration von Arthur mit Anglen macht es sogar wahrscheinlich, daß Anglen die ursprüngliche Lesart, also das Versehen dem Verfasser selbst zuzuschreiben ist.

feststellen; leider läßt sich auch nicht annähernd abschätzen, in welchem Umfang die verschiedenen kriegerischen und friedlichen Invasionen der skandinavischen Stämme die Rassenechtheit der echten Altengländer oder Angelsachsen, die selbst recht verschiedene Stämme in sich begriffen, beeinflußten; ganz unberechenbar ist der dauernde friedliche Zufluß französischer, holländischer, deutscher usw. Einwanderer, von den Irländern, Schottländern, Wallisern ganz zu geschweigen. Sie alle wurden in unglaublich schneller Zeit unauffällig anglisiert, sie alle haben die schwerfällige angelsächsische Rasse durch frisches Blut vor der Stagnation bewahrt; sie alle sind nicht so sehr durch diese Rasse, sondern vielmehr durch das Große, Imponierende dieser insularen Kulturgemeinschaft anglisiert, zu echten Engländern gemacht worden. Diese ursprünglich insulare Kulturgemeinschaft ist zu einer Kraft geworden, die weit über die Grenzen der kleinen Insel hinaus ihre Weltherrschaft errichten konnte, nicht dank einer an sich harmlosen Wahnvorstellung vom "true-born Englishman", den es nicht gibt, sondern dank der gesunden Lebenskraft, die dem kleinen Inselvölkchen durch den ungehinderten und ununterbrochenen Zufluß frischen Blutes von auswärts seit jeher beschieden ward. Die schamlose Irreführung dieses zu den höchsten Kulturaufgaben berufenen Volkes durch die Jünger der Politik Eduards VII. hat nun all diese Herrlichkeit in Frage gestellt. Das englische Volk hat man mit Schlagwörtern zu Mitschuldigen des Verbrechens gemacht; ob es jetzt noch die Kraft hat, sich von diesem Banne der Verblendung zu befreien — man möchte es wünschen, aber wer vermag es noch zu hoffen? Auch hier wird man einst sagen müssen: Die Weltgeschichte ist das Weltgericht.

Deutsche Kriegsschriften

3. Heft

Von der Neutralität Belgiens

Von

Dr. phil. et jur. Aloys Schulte
Professor der Geschichte an der Universität Bonn
Geheimer Regierungsrat

Preis 2 Mark 40 Pfennige

Diese Schrift des bekannten Historikers der Bonner Universität gehört zu dem Wichtigsten, was bisher über Belgiens Neutralität geschrieben worden ist. Der Verfasser erbringt durch Anziehung und eingehende Behandlung **bisher noch nirgends veröffentlichter belgischer und französischer Quellen** den untrüglichen Beweis, daß Belgiens Neutralität schon seit langer Zeit von Belgien selbst im Verein mit Frankreich und England gebrochen worden ist.

Die Kölnische Zeitung schreibt u. a.: Schultes Untersuchung erscheint uns von besonderer Bedeutung, nicht nur wegen der wissenschaftlichen Genauigkeit, mit der sie gearbeitet worden ist, sondern mehr noch wegen der Ergebnisse, die Deutschlands Vorgehen mehr als rechtfertigen.

---

6. Heft

Der Sinn deutschen Kolonialbesitzes

Von

Kurt Wiedenfeld
ord. Professor an der Universität Halle

Preis 80 Pfennige

„Weltpolitische Betätigung ist eine eherne Notwendigkeit für unsere Entwicklung als selbständiges, seiner Wesenart sich freudig bewußtes Volk." Dieser Grundgedanke zieht sich durch die ganze Schrift. Wir können kein reiner Kontinentalstaat bleiben, wie noch zu Bismarcks Zeiten die vorherrschende Ansicht war, sondern wir müssen ein kolonisierendes Volk werden. Welche unabweisbaren Gründe für diese Notwendigkeit vorliegen, warum für unsere Kolonien bisher so wenig verständnisvolles Interesse und Begeisterung vorhanden war, welche Wege die künftige koloniale Verwaltung und privatwirtschaftliche Tätigkeit einzuschlagen haben werden, wird in der Broschüre erschöpfend behandelt. — Wer aus diesem gewaltigen Völkerringen ein großes, starkes Deutschland mit weltpolitischen Zielen hervorgehen zu sehen hofft und wünscht — und welcher Deutsche täte das nicht! — findet in dieser lesenswerten, anregenden Schrift viele wertvolle neue Gesichtspunkte.

A. Marcus & E. Webers Verlag (Dr. jur. Albert Ahn) in Bonn

Deutsche Kriegsschriften

8. Heft

Kriegsbriefe einer Frau

Von

L. Nießen-Deiters
in Bonn

Preis 1 Mark

Ein herrliches Bekenntnis zum Deutschtum und eine flammende Anklage gegen England sind die „Kriegsbriefe" der rühmlichst bekannten Verfasserin, einer der besten Kennerinnen auch des überseeischen Auslandes aus eigener Anschauung. Hinzu kommt, daß hier eine deutsche Frau englicher Abstammung das Wort nimmt, um in prachtvoller Sprache und mit überzeugenden Gründen gegen Englands Verrat und Tücke Stellung zu nehmen. Frau Nießen-Deiters ist eine der Führenden in der Abwehr des englischen Lügenfeldzuges; ihre Flugblätter und Flugschriften sind in neun Sprachen in Millionen von Exemplaren verbreitet worden. So wird auch diese Gabe von Heer und Volk, von In- und Ausland freudig begrüßt werden.

---

9. Heft

Deutschland und Frankreich

Von

Dr. Walter Platzhoff
Privatdozenten an der Universität Bonn

Preis 60 Pfennige

Die Schrift legt den Gegensatz dar zwischen Deutschland und Frankreich, der in seiner Entstehung so alt ist, wie die beiden Staaten selbst, besonders in seiner Entwickelung seit 1870. Die Wiedereroberung des Elsasses, dessen Besitz Frankreich unter Ludwig XIV. die Hegemonie in Europa gesichert hatte, hat Frankreich den Verlust seiner Vormacht-Stellung gebracht. Beides wiederzugewinnen war das Ziel der Revanche-Politik. Obwohl die Geschicklichkeit der französischen Diplomatie zu dem Bündnis mit Rußland und der Entente mit England führte, hat sie diesen Erfolg mit der steigenden Abhängigkeit von ihren Verbündeten bezahlen müssen. Die Vorgeschichte des jetzigen Krieges und sein bisheriger Verlauf zeigen dies, denn mehr und mehr erscheint Frankreich auf seinem eigenen Boden als ein Trabant Englands.

A. Marcus & E. Webers Verlag (Dr. jur. Albert Ahn) in Bonn

Druck: Otto Wigand'sche Buchdruckerei G. m. b. H., Leipzig

FSC
www.fsc.org
MIX
Papier | Fördert gute Waldnutzung
FSC® C083411

Kolibri 360 GmbH
Ferdinand-Jühlke-Straße 7
99095 Erfurt, Deutschland
produktsicherheit@kolibri360.de